# 新质营销转型

## 招投标业绩倍增的 PLT 新营销范式

达流 著

中华工商联合出版社

**图书在版编目（CIP）数据**

新质营销转型 / 达流著 . — 北京：中华工商联合出版社，2025. 8.—— ISBN 978-7-5158-4351-3

Ⅰ. F279. 23

中国国家版本馆 CIP 数据核字第 20252HG933 号

**新质营销转型**

**作　　者**：达　流
**出 品 人**：刘　刚
**责任编辑**：吴建新　关山美
**装帧设计**：智　画 · 王桂花
**责任审读**：付德华
**责任印制**：迈致红
**出版发行**：中华工商联合出版社有限责任公司
**印　　刷**：北京毅峰迅捷印刷有限公司
**版　　次**：2025 年 8 月第 1 版
**印　　次**：2025 年 8 月第 1 次印刷
**开　　本**：710mm×1000mm　1/16
**字　　数**：210 千字
**印　　张**：15
**书　　号**：ISBN 978-7-5158-4351-3
**定　　价**：68. 00 元

**服务热线**：010-58301130-0（前台）
**销售热线**：010-58301132（发行部）
010-58302977（网络部）
010-58302837（馆配部）
010-58302813（团购部）
**地址邮编**：北京市西城区西环广场 A 座 19-20 层，100044
http：//www. chgslcbs. cn
**投稿热线**：010-58302907（总编室）
**投稿邮箱**：1621239583@qq. com

# 企业家推荐语

新技术革命正在来临，每个行业都不例外，必须加强学习，迎接挑战。陈伟（达流）老师的新作《新质营销转型》应运而生，创造性地提出深度营销、规则营销和技术营销（PLT）的新观念，让人耳目一新。

——**邱彬**（中华联合保险集团股份有限公司副总裁）

我们公司有幸两次邀请陈伟（达流）老师来授课，感觉陈伟老师的课程特别接地气，有大量真实的案例研讨，现场模拟开标评标，有极强的带入感。《新质营销转型》一书就体现了这种理论性、实用性和实操性兼具的特点，对我们的工程建设招投标工作有极大的帮助！

——**李滔**（中建五局集团装饰公司董事长）

在新质生产力引领我国经济社会发展的新时代，陈伟老师《新质营销转型》创新性地提出技术营销理念，对我们集团创新型科研项目的市场化推广具有极强的启示性和指导性，值得好好学习。

——**顾卫忠**（上海华谊控股集团副总裁）

在我们集团从传统业务向高新技术产业发展、向多元产业进军的过程中，有幸与陈伟（达流）老师结识。各大区公司负责人对他的授课评价极高，纷纷表示没学够，紧接着又报名参加老师主讲的公开课，继续学习。《新质营销转型》，是AI时代科技公司市场营销工作的定海神针，该书的出版是一件大好事、大喜事！

——**朱云浩**（申江控股集团董事长）

陈伟（达流）老师《新质营销转型》书中提出的PLT（人、法、技）的新质营销模式，是我们管理局营销系统拓展市场、角逐招投标的行动指南。

——**翟敏全**（中石化中原油田勘探局党校）

陈伟（达流）老师是我们集团的首席营销顾问，他在写作这本书的过程中，曾与我多次交流，他将很多真实发生的营销故事写入书中，为营销人员的困惑苦恼释难解疑。从实践中提炼出来的思想理论是最有价值的，学习《新质营销转型》这本书，对我们集团的营销转型、管理改进带来很大的有益促进。

——**荀金庆**（山东华威保安集团董事会主席）

陈伟（达流）老师是我们集团专门聘请的培训导师，每次授课都让大家有醍醐灌顶、茅塞顿开之感，他还多次深入到集团下属子公司进行调研指导。这次终于等到老师的新作《新质营销转型》出版，我们集团的营销人员要将它当作教材好好学习，并做到学以致用。

——**葛彬**（云南澜沧江实业集团执行总裁）

陈伟（达流）老师是我们采招网（采乐会）培训业务的开拓者，

多年来给了我们很多指导和提携。我曾在培训现场被老师强大的气场所感染，期待已久的《新质营销转型》是我们会员的必读书。

——**汪力刚**（中国采购网总裁）

陈伟（达流）老师让我领略了一位思想深邃、见解独到、体系完整且激情四射的优秀职业培训师的风采，我在与老师的交流中获益匪浅。《新质营销转型》是他多年企业管理培训实践升华到理论的结晶，值得推荐给每个企业人学习！

——**周志成**（比地招标网首席产品官）

# 导 论

## 营销变革的时代已经到来

新质生产力理念，不仅规划了中国式现代化的未来走向，也正在深刻影响着中国当下的经济形态。新质生产力是创新起主导作用，摆脱传统经济增长方式、生产力发展路径，具有高科技、高效能、高质量特征，符合新发展理念的先进生产力质态。

新质生产力以技术革命性突破、生产要素创新性配置为特征。多年来，企业基于过往经验对市场的重点和难点的分析，对技术革命思想和创新生产要素基础性地位的认识，与新质生产力理念存在明显差距，企业在此基础上形成的市场理念与营销管理思想需要重新梳理与更新。对企业市场营销工作而言，之前认为的大市场可能会变得很小，之前带来巨大利益的领域和行业可能会萎缩，之前主要依靠人脉关系和价格优势的营销套路正在失效。在营销界象瘟疫一样蔓延的围标、串标将面临重创，而之前某些市场的盲区和空白点会快速上升到重要的位置，形成新的营销赛道。与此同时，有些看起来入世不深的新创公司如宇树科技、深度求索、群核科技、强脑科技等，由于有创新技术成果的加持展现出异常强大的市场竞争能力。因此，每一个参与未来市场博弈的市场主体——无论是投资人还是承接方，无论是采购人还是供应商，都应该保持高度的敏锐与自觉，并以前瞻性的眼光，超强的学习能力快速跟上时代的步伐。

本书认为，在新质生产力时代，新产业、新模式、新动能层出不穷，技术突破日新月异，绿色发展蔚为壮观。新型生产力加速发展，随之会带来生产关系的调整和思想意识的革新。随着新质生产力深度改变市场经济的形态，渗透进社会生活的方方面面，企业需要重新认识市场与客户、品牌与规则，营销观念、营销方法与营销队伍面临重塑与转型。可以想见的是，市场一定会从量向质聚焦，从技能向智能发展，市场竞争中，新的淘汰与新的崛起也必将到来。

营销转型，首先是向未来转型。有人说，未来不是将来，未来是当下的预判和洞见，没有预见性的个人和企业是没有未来的。当新质引领时代来临，一切过时的思维方式和习惯都要抛弃，无论之前它给你带来过怎样的幸运。当中国的“嫦娥六号”已从月球背面采样成功返回地球家园，当国产C919大飞机销量迎来新的突破，当工业生产类和家政服务类人形机器人开始量产，当“萝卜快跑”正快速挤占“滴滴打车”的市场空间，当以前科幻小说中才能看到的空中巴士已开始投入运行，当中国的DeepSeek全面赶超西方的ChatGPT，当中国的智能电动汽车已大幅占领全球市场……如果你还抱残守缺、墨守成规的话，那必将失去未来。春江水暖鸭先知，企业营销的未来只属于思维超前、勇于创新、对经济社会发展有深刻洞见的企业人。

营销转型，其次是向深度转型。在数字化、智能化、模型化转型升级的新时代，营销需要重新思考和定位。未来的营销，不一定“大”，但一定“新”；不能只依托于“关系人”，必须学会应用“新规则”。当前，我国正大力推行招投标领域的数智技术应用。国务院2024年出台的《关于创新完善体制机制，推动招标投标市场规范健康发展的意见》中指出：“推动招标投标与大数据、云计算、人工智能、区块链等新技术融合发展。制定实施全国统一的电子招标投标技术标准和数据规范，依法必须进行招标的项目推广全流程电子化交易。”面对“智慧招标”的环境，营销除了与时俱进没有其他出路可言。同时，重点客户对象也要重新定义，原发性的、潜质性的、裂变性的客户，会成为营销的重点攻取对象，与客户打交道的方式正由表面化向纵深发展。

营销转型，再次是向规则转型。四十多年市场经济的洗礼，我国的市场竞争形态、项目投资、交易与供应链采购，已全面进入法制时代。从国家管控的层面，最高层级的法律文本已出二十多年，工作指导性的政策文件越来越细致。2024年国家发改委发布的《招标投标领域公平竞争审查规则》，单就“保障招标人收取投标保证金的自主权”一事，就做出了五条详细明确的规定。“《规则》明确不得制定或者实施以下限制措施：1.限制招标人依法收取保证金；2.要求经营主体缴纳投标保证金、履约保证金、工程质量保证金、农民工工资保证金以外的其他保证金；3.要求经营主体必须采用现金、保函、保险或其他特定形式缴纳保证金”等。在我国，“四级（国家最高权力机构、最高行政机构、行政主管部门、地方和行业管理机构）两线（政府采购线，企业采购线）”的法规体系已搭建完毕，不懂规则的营销将寸步难行，破坏规则的营销将自食其果，对规则的轻慢一定会付出代价。本书论及的营销转型目标实质就是基于招投标的规则并以中标为目标导向的营销行为。

营销转型，最后是向技术转型。传统的营销方式将“送往迎来”式的人情世故奉为圭臬，靠老三样“烟、酒、茶”打天下，在某些公司里，不懂技术、没有专业特长的人被分配去搞销售。科技性头部企业却不是这样，譬如华为公司，他们的营销团队大部分精英都是技术人才出身。有的企业在参与竞标时，不对项目的需求特性、技术要求做精细化分析，一味看重人脉关系，结果依然丢标。原因在哪里？在于片面地把“人脉”当成客户，把“搞关系”当成营销。这样的项目，即使一时中标了，往往也做不下来，在履约期间纠纷不断，严重损害公司的市场形象，结果是偷鸡不成反蚀一把米，“赔了夫人又折兵”。工程师做销售是必然趋势，营销人才必然向专业化转型，营销方法必然向工具化转型，营销考核必然向标准化转型。本书的立意宗旨，用一句话概括就是——营销是一个技术活。

本书认为，企业营销转型的管理建构，应该是建立以新质生产力为思想引领，以中标为目标导向，以客户（人 -People）为主的深度营销，法规（法 -Law）为主的规则营销，标书（技 -Technology）为主的技术营销（即“人法技 PLT”）为基石的管理体系。

新质营销转型管理体系（如图 1 所示）。

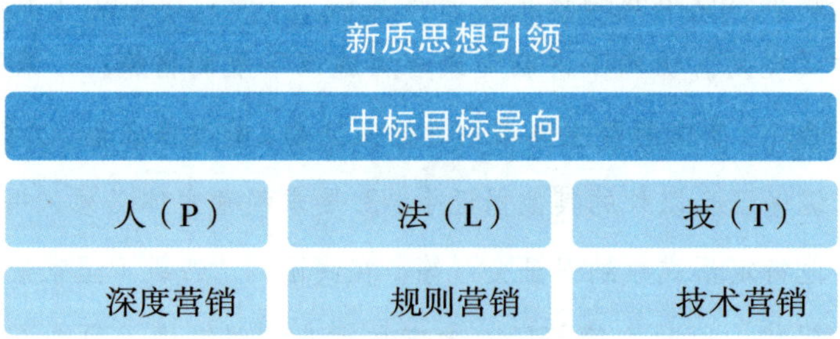


图 1　新质营销转型管理体系

将上面的管理体系结构图进一步简化，人（P）是前提，法（L）是底线，技（T）是核心，由此构成一个稳定的“PLT 新质营销管理模式”（如图 2 所示）。

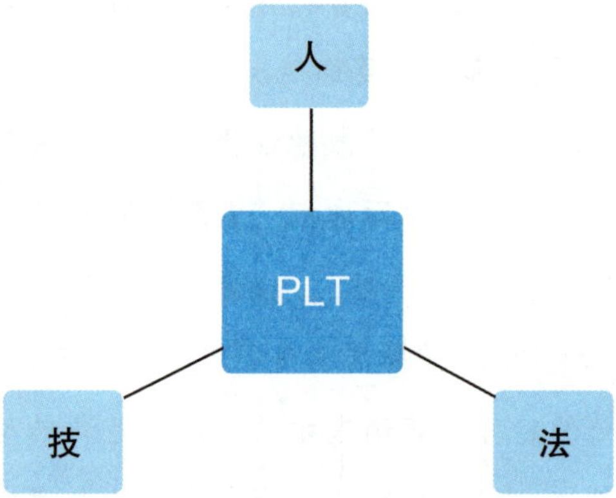


图 2　PLT 新质营销管理模式

全书篇章结构上，分为上下两篇，共六章。上篇“新质 PLT 营销缘起”

共三章，侧重于论述时代变化所引发的营销变革；下篇“新质 PLT 营销模式”共三章，重点解读本书独特的新质营销转型理论，并由此给出具体的方法、技巧和步骤，旨在帮助广大营销人与时俱进。

“沉舟侧畔千帆过，病树前头万木春。”每一个企业营销人都应该积极投身营销转型工作，为我国营销管理“提级换档”贡献力量；都应该举起双手，热烈欢呼新质引领下营销转型时代的到来！

# 目录 | CONTENTS

导论

上篇
新质 PLT 营销缘起

第一章　营销的困境与新质的引领　003
营销转型迫在眉睫　004
营销困境现状分析　007
营销认知病理解剖　017
营销转型开创新路　026
温故知新小练习　034

第二章　决策内幕与转型创新　035
项目决策全流程　036
项目决策结构图　043
“内定标”解析　052
营销转型创新思维　055

温故知新小练习　067

第三章　全新阐释客户特性　069
隐性的圈层　070
专业的精进　079
中产的标志　081
战略的考量　084
温故知新小练习　100

## 下篇
## 新质 PLT 营销模式

第四章　P：深度营销转型　103
营销学即“心学”　104
交往：认知的建立　107
交情：感情的维系　114
交心：心灵的契合　118
交底：底牌的获取　121
交单：最后的博弈　125
交账：回款的技巧　134
温故知新小练习　137

第五章　L：规则营销转型　139
向规则要中标率　140
抢抓政策大红利　148
低价法应对策略　155

招采方式优先级 160

直接采购说分明 167

特殊政策规则化 173

温故知新小练习 179

**第六章 T：技术营销转型 181**

解标：营销是一项技术活 182

拆标：文件模板专业拆分 187

控标：关键环节技术处理 199

编标：评标办法编制揭秘 210

温故知新小练习 219

**后记**

# 上篇

# 新质 PLT 营销缘起

# PART 1 | 第一章 |

# 营销的困境与新质的引领

本章金句

◎ 对新质生产力的学习力、领悟力和执行力将决定企业的未来。

◎ 未来企业的核心管理理念不再是“细节决定一切”，而是“新质决定一切”。

◎ 以围标、串标为营销手段的时代过去了。

◎ 经验主义是造成营销困局的始作俑者。

## 营销转型迫在眉睫

总体观察当下中国的市场环境，有诸多视角能带给我们不同的启示。比如中国物流与采购联合会发布的中国制造业采购经理指数（PMI），是观察中国经济状态的晴雨表。2024 年 7 月份 PMI 为 49.4%，连续 3 个月稳定在 49.5% 左右的水平，说明运行态势持续稳定。这让我们看到企业运行情况总体不错，生产稳中有增，需求相对稳定，感觉是喜胜于忧。

居民消费价格指数（CPI），也是一个重要的宏观经济视角。通过 CPI 统计观察全国各地消费价格变动的基本情况，可知近期指数是上升趋势。

从作为国家战略的新质生产力的视角来观察中国经济现状，则无异于千帆竞渡、百舸争流，一些新型的经济形态和创新成果如低空经济、无人驾驶汽车、新基建、大数据、人工智能（AI）、文旅新业态等，正引领着中国未来的发展方向。

倘若从市场营销的视角来观察经济现状则是另一番景象。老板们或许不太在意宏观的经济指数数据，他们更习惯于从自己公司、周边营商环境及所处行业去亲身体验，从销售业绩、中标率、合同签单等公司经营日常去进行判断推理。显然，这一视角看到的现实是忧愁多于欣喜的。

站在全球化的角度看，我们的企业，真正在海外具有竞争力，能够在欧美市场攻城拔寨的优质企业还只限于少数领域，且受到种种限制。相对于中国日益增长的国际地位，我国企业国际化推广的成果远远不够。

从海量的中小企业、民营企业来看，在转型期普遍感到生存艰难，市场空间被挤压得十分狭窄，销售业绩下滑，中标率不高，是普遍存在的事实。实际工作中，经常见到一个采购信息刚刚发布，众多供应商、投标人如饿狼扑食，一哄而上。一个几百万元的项目招标，数千家公司报名，上千家公司参与竞标已屡见不鲜，其竞争的惨烈程度超出人们的想象。

**案例**

2024 年，福建晋江有一建筑项目招标，参与投标的建筑企业多达 3023 家，从而在开标时导致招标系统崩溃达 3 小时。因投标企业太多，该项目采用“入围投标人名单抽取方法”。具体实施方案：分五轮抽取，每轮随机抽取 18 家入围，确保抽取入围投标人总数等于 90 家。投标人的代码球号是根据投标人的解密时间先后顺序自动生成。再从 90 家单位抽 30 家中标候选人，最终每个标段确定 1 家中标单位。

（来源《招投标管理学》头条号）

若缩小范围单纯观察市场竞争环境，则情况更为严重。都在说行业“内卷”，恐怕谁也“卷”不过市场营销行业。同样的项目，甲方的预算一年比一年低，要求却一年比一年高。同行之间为争夺一个项目相互杀价，最终演变成“自杀”的比比皆是。结果是企业劳神费力，营销人疲于奔命，招投标市场看起来热火朝天，但最终的结果是中标率不高，营销工作效率低下。

我把这一现象称之为“哄抢式营销”。无论是工程建设，还是设备制造和服务行业，概莫例外。是什么原因导致这一局面的呢？除了客观存在的市场环境因素外，当下大部分企业的营销思想和管理制度、团队建设和营销方法明显滞后，没能与时代前行的步伐同步是根本原因。在新质生产力唱响中国经济的主旋律，引领深化改革方向，国家从政策法规层面大力推动向新质发展转型的现实面前，相当多的企业对新质生产力的特性及其与营销的关联十分漠然，三十多年形成的惯性思维桎梏着营销人的头脑。在公司的能力构成中，招投标营销能力不足成为制约公司发展的的短板之一。中国的营销界急需在新质生产力的思想引领下，来一场暴风骤雨般的大洗礼、大转型。

由于市场竞争的现实性和残酷性，经济理论界鲜有从硝烟弥漫的商战现场、从活生生的招投标案例中观察经济活动，真正具有实践性、指导性、应用性的理论成果不多。市场上某些专业书籍，尽管能带给人诸多启发，但其内容基本上是单一企业的工作经验汇编，缺少从工程建设、物资设备、数据系统、咨询服务等多个领域进行综合性考察，更没有从招标采购政策法规与项目竞标这两个侧面，或者说从“招标人”与“投标人”、“甲方”与“乙方”这一对立统一的矛盾体进行系统深入的辩证分析。这一空白点，恰恰是本书试图要弥补的。

在纷繁复杂的企业生态里，“眼见他起高楼，眼见他楼塌了”的现象背后，一定有市场运行的规律和规则存在。它无形地决定企业的趋势和竞争的策略。即使庞大到“蚂蚁某服”和“恒某大”的咋舌程度，也依然遵循或暗合其中的奥秘。这些年处于市场一线的营销经理们，自嘲为“睡得比狗晚，起得比鸡早”，奔波劳累不说，事业前景却并不乐观。在原创性数智技术引领的新质时代，那些拒绝拥抱新质生产力的企业，注定会被淘汰；那些思想陈旧的企业处境艰难。而以新质生产力作为思想源泉催生创新活力，点亮营销火种，给市场注入激情和动力，企业必将获得营销转型的成功，从而快速跟上时代前行的步伐。

# 营销困境现状分析

对项目饿狼般的竞争，从“哄抬”式营销发展到“哄抢”式营销，传统营销方式明显跟不上节奏，一些企业负责人愁眉不展。近年我和我的团队专程或者利用访学、企业内部培训的机会，深度走访、考察了数十家各种类型的企业，既有华为公司这种顶尖的民营科技强企，也有船舶制造、机车车辆、汽车生产、矿山机械、特高压、风能发电、机器人制造、医疗设备、钢铁冶金等众多生产制造企业，以及不同类型的服务性企业如检疫检测、智能设计、税务审计、工程咨询、团餐服务、物业保安等；既有大型国企中国建筑、中国有色、中国中车、中国石化、晋能集团、浙江交建等，也有众多民营及外资企业。同时，利用多个高校总裁班和专题公开课授课机会与各行各业的企业家学员进行广泛交流，发放问卷调查。我们总结出营销面临的诸多难题和痛点，撮其要者，简述如下。

## 系统性流失

服务了数年甚至更长时间的重点客户，在新一轮竞标中接二连三的丢失。这种现象，我称之为“老客户的系统性流失”。服务了N年的客户，自以为关系稳固，没想到在新一轮公开招标时，“意外”丢标了。恰似苦战打下的高地没能守住，被对手所攻占。丢掉老客户老项目，若是偶然一两个，属于正常情况。但若每年都有重点客户丢失，这就是系统性的溃败了。若是标志性的重点客户改换门庭，那就是公司管理和营销工作出了严重问题。老话说“打江山易守江山难”，其实“打江山”也不易，但“守江山“的确更难。如果说“打江山”企业颇有战法，那“守江山“则战法不多，这是营销亟需要解决的问题。

**一种情况是国企改制导致老客户系统性流失。**

前些年国有企业进行现代企业制度改造，实行非主营业务的分流。一个国有企业集团下属的非主营业务部门，分流出去重新组建为新的市场化公司，俗称为“三产公司”。如一家大型国有钢铁企业，只保留钢铁设计、科研、生产等核心业务部门，把保障服务中心、广电传媒、职工医院、学校、原材料配套加工等部门分别独立出去，组建为一个个新公司。后勤服务部门变成实业公司，实业公司下边还设有技改公司、网络公司、教育公司、安保公司、餐饮公司、旅游公司等，还是负责原来的业务，只不过身份变了，由上下级安排工作任务，变成甲乙双方的合作。

公司管理机制与管理方式的巨变让人错颚，一些老国企的人，一下子没有回过神来。刚改制时，有的甲乙双方合同都不用签，直接就指定做了。随着管理的规范化，独立出去的公司想要再做之前的业务，不能直接指定了，需要进行公开竞标，问题一下子就突显出来了。因为一个项目三个以上的企业参与竞标，正常情况只有不超过三分之一的中标概率，有可能丢标。如此，工作了几十年的老岗位就有可能换人喽。

深圳市在国企改制上是比较彻底的。十多年前，当地的一家电力服务集团从供电局剥离出来后，参与原单位各区电力公司的竞标，同时开标了 18 个项目，让人万万没想到的是，这家服务公司只中标了 4 个，公司大部分市场份额丢失，流失率高达 87%。另外 14 个项目被广东省其他城市的公司中标，甚至还有江西、湖南的公司过来分走了一些市场份额。这在之前闻所未闻的事，现在却实实在在地发生了。

**另一种情况是招投标工作失误，导致老客户系统性流失。**

更为普遍的情况还不是国企改制导致丢“江山”，而是辛辛苦苦打市场，兢兢业业跑客户，认认真真去投标，通过严酷的招投标流程竞争打下的“江山”，为客户服务数年后，新项目重新招标却马失前蹄。这种类型的“江山”失守，是最让人痛惜的。

**案例**

苏州市有一家外资背景的民营团餐集团K公司，为上海一家大型高端写字楼做团餐及配套业务十多年了，口碑一直很好。项目采用三年招标一次、每年续签合同的方式。2024年10月合同到期，业主进行新一轮公开招标，没想到参与竞争的公司一哄而上，由原先十来家公司投标一下子超过了一百家公司，竞争十分惨烈。评标结果公示出来，K公司丢标了。K公司老板傻了眼，这一丢就是三年啊，这不仅是失去了一个重要大客户，损失了重要的利润来源，而且更重要的是负责这个项目的多名骨干员工突然失去了工作岗位。我问K公司老板，丢标的原因是什么。他说这次招标不同以往，方案里加入了太多科技元素，要开发专用APP，要有食材卫生安全信息的跟踪系统等，这些方面他们的确不擅长，没有竞争对手做得好。

据不完全统计，2020 ~ 2025年，招投标项目新中标企业相比前几年的数据占比明显提升。说明“哄抢式”营销下，丢掉老客户，守不住“江山”的情况更加普遍了。相当一部分企业不能适应社会的发展，对新质生产力要素的强势来袭，缺少思想准备和应对策略，不得不将大好河山拱手相让。

## 地域的束缚

除了一起步就全国布局的中央企业和大型企业集团外，大部分企业往往是和某个特定地域紧密联系在一起的。不仅公司名称有地域性，业务范围和营销能力也有地域性。如：湖北宜昌 ×× 工程建设有限公司，所做的工程必定绝大部分在湖北省宜昌市范围内，能做到湖北省其他市县已经是很大突破了。从哪里起步，在哪里扎根，一方水土养一方人。

可是当公司有了一定规模后，哪个老板愿意永远只守着那一亩三分地？谁不希望做大做强？要想提升市场占用率，业绩成倍增长，就得走出既有地盘，走出舒适区，开拓新市场。即使部分企业管理者没有雄心壮志，小富即安，只想守住眼前的一亩三分地，可他很快会发现这种“筑高墙、守城防”式的防守性营销思路越来越行不通。在全国统一大市场兴起后，市场壁垒被打破、赢者通吃的局面必然到来。可一旦走出去，就会发现“外面的世界很精彩，外面的世界很无奈”。所谓“成也萧何，败也萧何”，地域既是培育一家企业生长的沃土，也是束缚企业不断壮大的紧箍咒。对从事产品、设备和材料的生产制造性企业来说，尤其如此。冲不破地域的束缚，便没有生存下去的希望。但一旦试图冲破地域的束缚，突破小圈子，走向大市场，往往显得力不从心。付出多，收效少，甚至没有收获。具体表现为同样的项目类型、资金规模和技术难度，在自己熟悉的地盘投标时，如鱼得水，一旦到陌生的地方去投标，总是折戟沉沙。这似乎成了当下中国营销市场的“地域魔咒”。

**案例**

我去江西培训、考察时，应邀来到一家机电设备生产企业 D 公司。该公司在江西省内市场上了规模以后，开始考虑走出去，建立全国性的营销体系。可他们青海分公司的总经理上任一年，一个项目都没拿回来。我见到这位总经理，问他这一年在干嘛？他说因为之前合作的一家央企的关系，这家央企在西宁市有投资，便跟随他们来到西宁，想继续保持合作。可来到西宁一年多，央企的项目一直在筹备中，还没招标呢。我又问他，那你没有开发当地的新客户吗？他说尝试了几次就泄气了，不是不想做，是做不进去。当地的地方企业关系盘根错节，我们外地人，人生地不熟，

> 找上门去也没人搭理我们。再说，我们分公司成立一年多至今没开张，总部给的经费有限。总之，困难一大堆。我说你就等着这个项目，在一个树上吊死？你能百分之百确保中标？项目“油水”大，其他公司会不会也在虎视眈眈？你自以为有人脉，其他公司一定就没有人脉吗？听我一连串的提问，这个负责人一时语塞。

在单纯的营销赛道，不用搞科研，不用生产产品，纯粹以市场拓展、客户攻关、签约拿单为工作职责，一年中不了一个项目，签不回来一份合同，无一分钱回款，无论如何说不过去。别拿什么“三年不开张，开张吃三年”的谬论来搪塞。满脑子都是难题，出门见客户总感觉迈不动腿，一年见过几个客户？你怎么知道客户一定不会搭理你？若是这种营销思维的话，把全国各省市区全成立营销公司也没什么用。

企业在发家地能经营得风生水起，一离开当地就水土不服。这一“地域魔咒”是如何形成的呢？

**第一，仍旧存在的地方保护。**

相当长的一个阶段，地方政府的保护政策是明目张胆的。以战略合作、项目投资等名义规避招投标，将本应公开公平公正的市场竞争变成“暗箱操作”。即使在强制性推行招投标交易方式后，招标设置中的地域歧视性条款也未曾根除。比如一个招标项目要求投标人在本地具有五个成功案例，这无异于直接剥夺了外地公司的投标资格。即使把竞争条件放宽一点，不要求投标人有本地案例，可以随意下载标书参与竞标，但在评分标准里将与招标人有过合作经历当作 5 分的分值点，这种操作只是看起来隐晦一点，实质上仍旧是将外地公司拒之门外的做法。

需要指出的是，国家的法规政策对地方保护一直是旗帜鲜明反对的，对违规操作的处罚力度越来越大，地方保护行为得到了明显遏止。国家发改委在《关于严格执行招标投标法规制度，进一步规范招标投标主体行为的若干意见》（发改委法规〔2022〕1117号）中指出："不得以战略合作、招商引资等理由搞'明招暗定''先建后招'的虚假招标；不得通过集体决策、会议纪要、函复意见、备忘录等方式将依法必须招标项目转为采用谈判、询比、竞价或者直接采购等非招标方式。"这就是在明确的反对违背公平竞争原则的地方保护行为。地方保护、行政干预的行为必将受到更加严厉的打击和限制，全国布局的企业要从中看到希望。

**第二，自身营销能力不足，缺少优秀营销人才。**

在对外扩展中，营销人挂在嘴上的什么"缺少人脉，不认识领导""没有物流优势，缺乏供应链资源"等问题，尽管是不得不正视的事实，但都不过是表象，绝非不可克服。集团公司在外地建立的分支机构，第一要务就是考察本地市场环境，培育当地营销资源，为参与项目竞争做好准备。换句话说，营销人职责所系，就是因为客观存在着如前述的种种困难，需要一支能征善战的团队去一一攻克。

**第三，不懂招投标规则是可以利用的营销策略。**

对招投标种种偏见仍在营销界流行。有的人说，招投标就是一个形式，项目早就被甲方"内定"了。这成了一些人在新市场面前束手无策的"完美借口"。面对"地域魔咒"，到底该怎么突破？其实招投标就是最好的突破口。以政府采购来说，一是取消投标报名限制，连报名费都不用交，外地公司完全可以大胆尝试；二是政府采购多采用低价中标法，若你公司的报价确实是合理最低价，那招标人就没有不让你中标的理由，这与你是本地公司还是外地公司没有关系。

为什么同是从乡村起步的企业，有的裹足不前，有的走向了全球？我去苏南地区培训、考察多次，那里有诸多民营企业从小微型规模起步，逐步发展成大型企业集团。如电线电缆行业，一个乡可能上百家电缆企业，他们的资源相同，产品同质，连讲的方言都一样，有的成了全国型、国际化的大企业，如远东控股集团，有的却慢慢悄无声息了；有的年销售收入已经过了百亿元，有的却始终只有几百万元。

“地域魔咒”的根本原因不是地域问题，而是思想观念问题。不是市场问题，而是如何做市场的问题。企业不能被小富即安的陈旧观念和营销视野上的局限性束缚住。在外地没有案例，没有资源，说话别人听不懂，这都是表面现象。鲁迅先生说过：“世上本没有路，走的人多了也便成了路。”开创市场新局面，同样需要这样的胸襟和视野。

## 同质化困局

当前，营销人最大的苦恼是公司施工、生产和服务大都没什么异于其他公司的特色，各个公司之间的业务模式和经营方式差不多是一个模子倒出来的，这就是同质化。做基建工程的，修路打地基，公司中完标后在外面找施工队，按图纸开挖，没什么差别。再比如：做设计包装的公司，生产用的原材料，生产出的产品型号和品质，几乎无差别；做第三方会计业务的更是如此，咨询服务流程都是按财税部门的规定操作，很少考虑到客户的个性化需求是什么。

大量的同质化现象，是导致“关系标”和“低价标”的原因之一，反正谁中标都差不多，自然而然，走得勤、关系近、了解且熟悉的供应商机会多一些，这也为幕后交易预设了空间。

导致同质化困局的原因可以从以下两方面总结：一是政府采购过多采用低价中标法，企业招投标一味追求成本控制，形成市场交易的恶性循环；二是市场主体缺少新质生产力的思想高度和前瞻眼光，研发投入和服务意识不达标。

调研中经常遇到有人这么说：只要客户给钱到位，我们照样能提升品质，可以比所有竞争对手做的都好，但现在是靠低价中标拿下来的项目，只能牺牲品质来降低成本，否则，明明亏本谁还做项目？这仿佛成了一个解不开的死结，一个走不出的死胡同。

我不认为这是死胡同，在中标价格和项目费用保持不变的情况下，通过改变营销管理模式来提升服务品质，做到服务类型同质化但服务品质差质化，这是可以探索的出路，也是优秀企业的取胜之道。

从企业主观上反思，一个住宅小区的保安、保洁项目，无论哪家物业公司来承接，确实在工作时间、服务范围和方式上没有区别，招标时也很难从招标文件上设置差异化要求，所以我们看到大量的招标文件在技术服务需求上，都是采用标准化的模版，设置的条件相对空泛，但在同等条件同样费用下，投标人可否表现得更主动积极一些，从而体现出一定的差异性呢？

我们来看案例：

**案例** 山东华威保安集团上海公司，在上海市与多个物业公司合作，由物业公司牵头承接住宅小区的物业管理，由华威公司承接其中的保安服务。2020年，浦东新区某高档小区的业主委员会实在忍无可忍，确定要整体换掉物业公司，但明确要求，无论新调换的物业公司是哪一家，保安业务仍由华威保安来做，为什么呢？调研反馈的结论：一是服务时间长，保安员纯朴、踏实、可靠，得到了小区业主的信任；二是不管大小事，业主只要有需求，随叫随到，业主特别有安全感。他们担心换了一家公司后，这种亲人般的感觉再也找不到了。

营销转型提升品质破除同质化的关键一招是将营销从阶段性的工作转变为整体性工作。我调查发现，老板们都会认同营销是贯穿项目全流程的整体性工作，但在实际的项目运行中，却又只把营销当作项目前期的阶段性工作，销售经理管拿单，项目经理管执行。看起来无缝对接，各司其职，一切都很惬意。但营销与项目实施和售后服务的剥离，即项目前期、中期、后期阶段性的割裂，会出现一个现实的问题，即项目接到手，销售经理便大功告成，注意力立即转到了下一个“标的”。因为他们的利益与市场开拓、中标拿单捆绑在一起，接到活后干得怎么样，项目实施过程中客户有哪些不满，用户体验如何，有没有在品质提升上下功夫，这些事并不在销售经理的职责范围内，营销人也不愿意把精力花在项目中后期琐碎而无直接利益回报的事务上。

有人会说，项目执行中的这些工作不是有项目经理负责管理吗，可以要求他们以不增加成本为前提做出一些项目服务措施的改进，以区别于其他公司的服务形态，在客户心中留下好印象。这在理论上说得通。但事实上，与客户熟悉且建立了一定感情联络的是销售经理。有些项目，不排除由于关系到位起到了决定性作用，客户对项目的想法与期待，并不是招标文件的几行文字能完全呈现出来的，项目执行中的协商沟通，销售经理有天然的优势，而项目经理由于未与客户在前期接触，大都是在项目实施后，才与客户初次见面，这种甲乙双方的相处方式，必然会公事公办。由于照章办事支配着项目经理的思维，甚至某些项目经理的想法是“反正钱给的也不多，只要不出事，对付过去就行了”，如此，服务品质提升成为空谈。由此产生的后遗症是，合同履行过程中与客户配合别扭，客户有话也不愿意多说，项目执行简单粗暴，最后被客户从后续新项目供应商名单中删除。

项目管理将签约与履约分割开来，销售经理只顾签约，项目经理只管履约；销售经理只重视招投标环节，项目经理只负责合同执行环节。这是企业中标后不能做到优质交付的内在原因，需要在新的营销转型中加以改进。

近年，越来越多的工程建设集团，开始真正从整体上把控营销工作，其标志是项目经理的工作职责不再局限于管理项目实施阶段，而前置到项目的营销与招投标阶段，真正体现出了“一张蓝图绘到底”的项目全过程生命体意识。在整体性的营销管理理念中，施工质量、产品性能、服务品质等项目中标后的工作重点与营销息息相关，项目经理负有重要的营销管理责任，项目设计、施工人员同样也是营销的一份子。这或许是同质化困局的解决之道。

## 追款的难题

一般而言，营销类专业书籍并不太关注项目账款的回收问题，但事实是，在经济情况不好的时候，收不回款是企业头等大事。在此情况下，有些企业把完成合同后收回合同款当作营销经理与项目经理的共同职责。这是很明智的管理举措。项目运行正常的情况下，回款都不能确保顺利到手，何况项目实施中还有可能未达到合同要求的事情，而且往往还会有项目目标的调整、工程量清单的增减等意外情况。在经济下行压力大，生意不好做的时候，有时专款未能专用，项目款挪做他用绝不是什么稀罕的事。甲方账上也有不宽裕的时候，就像电影《甲方乙方》那句著名的台词“地主家也没有余粮了”。某些政府机关或者国企相关部门很会找“托辞”：我们是机关单位，有什么不放心的，不就是晚些时间吗，下个月再说吧。“托辞”虽然说得好听，那回款就可能变成欠账，时间拖久了就变成呆账、坏账。毋庸讳言，这种情况还是比较严重的。

收款的难题如何破解？排除因自身的产品和服务质量不达标导致甲方拒付款项，余下的事情就该营销经理们发挥作用了。

# 营销认知病理解剖

有人说：人的一切成就，一切财富，始于自我认知。只有先认识世界，才能改造世界。营销转型的成功，全赖于对所处的经济环境、科技环境、政策环境和市场环境的认知程度。一个公司的赢利水平，是与这家公司的市场认知能力成正比的。无论公司大小，都只能获取认知范围内的利益和回报。一些引领时代潮流的公司为何能快速扩张，就是在于其超越普通人的前瞻性认知能力。当下的营销困境反映了部分公司在认知上存在哪些缺陷呢？传统中医学理论讲究辩症施治——望闻问切，由表及里。同理，以这样的思想认识来观察企业营销面临的问题，往往能切中肯綮，抓住要害。我们现在也一起来把把脉，诊断一下“病根”，看看营销转型的任督二脉如何打通。

## 惯性思维

曾经成功的营销套路只能说明过去有用，绝不意味着现在或将来还有用。在局部获得的经验只能说明在当地有用，绝不意味着在异地可以照搬过去。用刻舟求剑的思维方式应对市场大变局，是许多企业错失良机的根由，是认知局限的典型表现。我去四川C市授课，某市政工程公司的董事长请我喝酒。董事长与我大谈他的营销经，说他招营销经理主要就是看酒量，先问应聘者能喝多少酒，回答低于一斤的，直接忽略；回答能喝两斤的，直接聘用当主管。当时把我听得愣住了。他似乎完全不在意现在拿项目无以例外要走招投标流程，要上公共资源交易中心的平台。他看我有些发愣，得意地笑了，意思是说，他当然知晓现在的情况，必须经过招投标程序，可他们与甲方的关系，原本就是一家人，后来才分开的，然后又是神秘的一笑，举起酒杯说：一切尽在不言中！我自然懂得他的言外之意，便问道：那你现在中标率如何，逢投必中？他这时严肃起来了，回答说那做不到，近年丢标也不少，所以才请老师过来传经送宝啊。看出来了吗？明明知道靠喝酒不能解决中标的问题，但仍然走不出思维的惯性。经济政策大环境已经变了，而老板们的思维还没有转变。

观察改革开放四十多年来，我国的市场营销行业从小到大，最早一批取得过骄人业绩的营销人年龄渐长，职位渐高，惯性思维渐成。20 世纪 80 年代，招投标制度才刚刚在工程建设行业起步，政府采购法还没有颁布，市场经济处于“大胆试大胆闯”和“摸着石头过河”的阶段。那时，营销人靠勤奋和勇气，凭酒量和胆量，纵横商海，逢山开路，遇水架桥，攻城拔寨，风光无限。这里面有智慧也有钻营，有才能也有人情，有光明正大也有暗中交易。这批人如今大多功成名就，要么成为各企业集团的营销负责人，要么自己做了老板。他们曾经成功过，却又习惯性以自己的经验来思考、管理当下的市场工作。而在中国市场经济刚刚起步阶段、法制不健全、审计监督力度有限、所谓“潜规则”盛行的特定历史时期形成的“经验”，有多少能适应当前市场营商环境的变化？大多数企业的现状是，针对高端客户的优质营销明显力度不够，准备不足，办法不多，营销上的经验主义，正是这一困局的始作俑者。

## 轻慢客户

“客户是上帝”是被许多企业写入公司管理章程和文化理念中的一句格言，我看到不少企业把这几个字放大挂在墙上，熠熠生辉。可是，我想请企业老板和高管们扪心自问，有多少人真的践行了这句话？项目中标前礼貌周到，项目结束后视为路人。项目执行中不听从客户意见，原材料供应上偷工减料等行为时有发生。这种企业人我见识过不少。

有些企业曾经辉煌，市场快速扩张，业绩暴涨，一时风光无两，可随后开始走下坡路，慢慢跌落。其中一个原因是，公司做大规模后，开始脱实向虚，醉心于资本战略与品牌战略，对客户的诉求不像以前那么重视，漠视招投标政策法规，对营销团队的培养也没有市场初期那么看重了。这些变化背后必然的结果是，竞争对手瞅准时机，把你的大客户、重要客户一个个抢走，手里剩下一堆普通客户和小客户，而这类客户不能给公司带来太多利润，导致公司的根基松动。俗话说：根基不牢，地动山摇。没有营销基础支撑的管理升级、品牌推广和资本运作，都是无源之水，无本之木。

## 疲劳效应

曾经长期合作的客户为什么丢掉了呢？我经常向企业询问这个问题。有人回答说：前些年与客户合作很愉快，但近一段时间来愉悦的感觉减少了，隔膜感增加了，客户似乎总想挑我们的刺，左看右看都不顺眼，怎么做客户都不满意，似乎时间久了客户产生了“审美疲劳”。

“审美疲劳”的形容词似乎太过诗意。合作时间久了，业主确有“审美疲劳”的可能。同理，长期给同一客户服务，我们自己是不是也会产生“疲劳效应”？这确是一个值得引起重视的管理课题。项目营销最大的悲剧是：客户已几次提出改进意见了，你却置若罔闻；客户已经想替换供应商了，你还浑然不觉；客户已经在新项目招标时屏蔽你了，你还以为中标手到擒来。

出现客户看我们不顺眼的情况，首先一定要分清的界线，是我们在项目管理上或者在跟客户接触上哪些地方做得不到位，还是客户横挑鼻子竖挑眼，存心找茬？还有人认为，公司在项目履约上无可挑剔，施工过程严格执行合同，客户对我不满就是因为客户某种个人私欲没得到满足，属于“打击报复“。当然不排除有这样的“歪嘴”客户。但我的观点是：

第一，客户关系绝不是局限于某一个人，而是由三层次两条线构成的一个关系网，是不是客户三层次都在找茬？若只是具体执行人员的个别行为，那你就束手无策了吗？

第二，如果你公司的项目实施或者服务真的做得近乎完美，按合规约定挑不出毛病，除了某个想“捞好处”的人以外，甲方其他项目管理人员都认可，个别人想撤换就撤换？法制时代任何项目的合作都是以合同为基础的，合同未到期甲方即使想换服务方几乎不可能。

举一个物业公司的小案例：客户已经两次提醒项目经理，让锄草工人在院子里说话不要太大声，那样会影响到客户办公。结果说话声是小了，可客户单位下班时间刚到，好些人还没走出办公楼，工人锄草机器便开始在院子里“突突”了，这种情况客户只能看你“不顺眼”，这不是业主方的“审美疲劳”，而是服务方的“尽责疲劳”和“履约疲劳”。

我在调研中，不只一次当场听到营销经理汇报项目纠纷时，将矛头指向客户，这难免有推脱自己过失的嫌疑。甲方的问题最多也只是部分原因，用可能存在的一部分原因掩饰营销人应该承担的另一部分原因，这是营销人不应该有的思想苗头。若有这样的思想存在，客户看着不顺眼，产生“疲劳效应”，那再正常不过了。

## 迟滞被动

业主项目主管一旦更换，由于新人对项目情况和供应商都处于“陌生期”，的确容易出现合作困难。对此若不引起警觉，反应迟钝，没有做好预案，就有可能出现失单丢项目的严重后果。

**案例**　安防器材生产与维护公司——A公司，承接了某市政府办公大楼消防器材设备与安装项目。项目通过市公共资源交易中心招投标流程，规范的合同谈判后签署合同文本。双方合作开始的时候，安全保卫处是甘处长主事，分管领导是行管局刘局长。A公司与客户关系维持得不错。可半年后处甘长换岗调离，刘局长也退休了。新上任的靳处长来了四个月，A公司的现场负责人居然还没见过面。刘局长退休后，行管局一、二把手都没接触上。下半年新行政办公大楼就要启用，安防器材这一块投资过千万元，肯定得通过政府交易中心进行公开招标。A公司负责人问我：新来的靳处长有没有可能把原来的关系带过来呢？我的回答很干脆，太有可能了。

这个局面说明什么？说明之前一直由A公司提供器材并维修保养的这段时间，营销跟进不及时，老处长调走没有觉察，新处长上任没有及时联络。将本来握在自己手里的营销主动权丢掉了。甘处长离任时未曾看望，不管之前这个处长有没有给予关照帮助，都应该表示感谢，记得人家的好，有感恩之心。然后顺便请老处长引见一下新处长，非常自然顺当。新来的靳处长上任后立马去拜访，会让他感到舒心，既能满足其受人尊重的情绪价值，又能第一时间了解合作供应商的实际情况，一举多得。

可惜由于A公司反应迟钝，下一步的中标前景由明朗变得暗淡起来。

项目实施和服务过程中营销断档，是不少公司的通病。一旦项目主管等关键岗位人员更换，而我方不能及时掌握情况，采取对策，确实是丢掉项目的原因之一。

以政府和国有企业的老客户上新项目为例。按规定，上新项目是不准直接续签合同的，必须重新走招标流程。结果招标文件发布了，很多做乙方的才知道。这简直是不可思议的事情。可事实是，这样的事情却比比皆是。相对工程建设行业，此类初级失误在营销略显稚嫩的服务行业尤为普遍。相当多的货物类和服务类的企业还没有建立起全员营销和全过程营销的管理理念，后期的实施和服务人员对新项目准备的进展和招投标工作缺少起码的敏感，而专职的营销经理又对老客户疏于回访，结果就会导致在项目开始前未做任何工作，失去提前介入招标运作的大好时机，眼睁睁看着竞争对手从自己的眼皮底下把项目抢走。

## 低价冲标

被竞争对手低价抢标及面对竞争对手低价冲标束手无策，是营销困境中的困境。“对手报价实在太低了，我公司根本做不了。”我见到许多营销经理如此抱怨。

当我方的投标价格确实没有对手的优势时，破解低价冲标的困局，必须要有新思路。

公开招标的采购方式，在货物类招标时，基本都是以低价中标法为中标依据。工程和服务类项目招标，一部分项目直接以低价为中标原则，其他项目尽管采用综合评审法，但相当多的项目仍以最低报价为评标基准价。低价中标左右采购招投标行情的原因，一方面是政策导向，另一方面是职责使然，因为采购人的重要职责就是降本增效，节省经费，因而采购人对价格有着本能的敏感。他们在编写招标文件时，自然会将低价中标或者最低报价为基准价当作评分标准的常规设置。通常的操作方式是在评分标准时里做出如下规定：

价格分应当采用低价优先法计算，即满足招标文件要求且投标价格最低的投标报价为评标基准价，其价格分为满分。

投标报价得分＝（评标基准价／投标报价）×100

评标总得分＝ $F1\times A1 + F2\times A2 + \cdots\cdots + Fn\times An$

F1、F2……Fn 分别为各项评审因素的得分；A1、A2……An 分别为各项评审因素所占的权重（A1 + A2 +……+ An = 1）。

这里面还有一种隐晦的原因，是采购人不愿意承担项目审计风险责任，认为低价中标法最为安全妥当。低价中标法的盛行对企业投标策略以及企业管理模式产生巨大冲击，许多企业表面化地看待低价盛行的现状，并因此将低价中标当作营销的最高策略和中标的不二法门。

下面是一个曾引起轰动的经典案例：

**案例**

2017 年厦门市政务外网云服务项目招标，中标结果如图 1–1 所示。

公告信息：

| | | | |
|---|---|---|---|
| 采购项目名称 | 厦门务实-公开招标-2017-WS034厦门市政务外网云服务 | | |
| 品目 | 服务/科学研究和试验开发/工程学的研究和试验开发/交通运输工程研究服务/交通运输信息化/计算机技术 | | |
| 采购单位 | 厦门市信息中心 | | |
| 行政区域 | 厦门市 | 公告时间 | 2017年03月17日 17:17 |
| 本项目招标公告日期 | 2017年02月17日 | 中标日期 | 2017年03月17日 |
| 评审专家名单 | [redacted] | | |
| 总中标金额 | ¥.000001 万元（人民币） | | |

（厦门市政务外网云服务项目中标公告，中国政府采购网截图）

图 1–1 厦门市政务外网云服务项目中标公告

据中国政府采购网发布的公告，腾讯集团旗下腾讯云计算公司以 0.01 元中标厦门市政务外网云服务项目。政务云平台，内外网数据交换由统一的安全平台提供。政务外网云服务业务涉及 26 项服务内容，包括云主机、云存储、云数据库等。该项目政府投资预算金额为 495 万元。

这是属于近年来非常热门的大数据云计算项目。本次招标采取综合评分法，由技术分、商务分和价格分三部分组成，分别为 55 分、15 分和 30 分，考察供应商的技术能力、公司信誉和投标价格。几大通信巨头自然不会缺席，移动、联通、电信三大基础运营商的相关下属公司均参与，投标报价在 170 万 ~ 309 万元不等，属于正常的低价位报价，但由于腾讯的近乎零报价得到价格满分，其他技术分和商务分的评审比较已经没有了任何意义。腾讯这样的头部企业如此荒诞不经的搅局招投标竞争，招标人和主管部门未予制止，反而纵容无底线行为，甲乙双方联手破坏了健康的招投标市场，既不遵循规则，又给众多企业的市场行为提供了负面示范，这就是营销困境的根源所在。

首先可以判定，投标人腾讯云 0.01 元报价，评标委员会本可以依照《招标投标法》第三章第三十三条“投标人不得以低于成本的报价竞标，也不得以他人名义投标或者以其他方式弄虚作假，骗取中标”的法条，直接以低于成本报价判定为无效报价，并否决其投标，评标委员会却没这么做。还可以“明显低于其他公司平均报价的异常低报价”，要求投标人作出报价澄清，一分钱如何能保证项目研发和数据系统建构的成本？结果评标委员会仍没有这样做。

有人认为，招标文件里面没有明确低于成本报价应该废标，所以评委会不能否决。这是完全错误的认识。只要《招标投标法》和其他国家级权威机构出台文件有规定，无论招标文件有没有相关说明，都必须依照上位法的规定执行。

据公开信息，当地“政府有多方位因素的考量”，“整个投标是合规合法的”。项目方当然有多方位考量的权力，对项目也有最终的决定权，但无论考量了多少因素，都不是公然违背招标投标法的理由。

由此可见，市场竞争中无底线低价冲标的行为，不完全是投标人的责任，招标人的任性和不作为责任更大。招标人希望低价中标是正常履职行为，但若一味要求低价，且越低越好，如果认为如此可以降低成本，节省开支，结果必然会导致超低报价、一分钱报价、甚至零报价等非理性的“自杀”式行为大量出现，严重破坏了市场秩序和营商环境，让营销陷入困境。它不仅扼杀了企业的创新活力，降低了产品的质量标准，与新质生产力的时代要求背道而驰，还违犯了法律规定，违背了公平竞争的市场规则，损害了以正常报价参与竞争企业的正当权益。

对招投标市场恶意低报价过多过滥的现象，官方媒体都看不下去了。《人民日报》曾发文诟病“最低价中标”，一针见血地指出：建设工程质量因“最低价中标”问题频发，使得整个行业怨声载道，也在给业内人士敲响警钟：“一些地方的招投标制度可谓‘简单粗暴’。只要‘最低价中标’原则不变，就很难有什么工匠精神、百年老店”“在招投标中，低价就能中标，造成大家不比质量，只比价格低”。

这些以低于成本价中标的企业，为获取利润，只能在原材料采购、生产制造等方面压缩成本，以牺牲产品质量来弥补亏损，从而出现“劣币驱逐良币”现象。长此以往，就没有企业愿意花精力搞研发和创新。这不仅严重扰乱了市场经营秩序，对整个制造业也是一个打击。解决之道，自然是进一步完善市场环境，让企业拿产品质量说话，让过得硬的产品叫得响、站得稳，从而为制造业大国打下产品质量的基础。（参见《人民日报》2017 年 5 月 31 日《质量应是企业立身之本》，2018 年 7 月 22 日《大力提升企业质量管理水平》等文）

# 营销转型开创新路

## 围标、串标走向末路

要问这些年哪种营销方式最为好用？若让老板们悄悄地说出实话，会有些人偷偷告诉你：围标。

合围投标和串通投标一直是招投标交易市场上公开的秘密，一方面严厉打击，另一方面层出不穷，如同猫捉老鼠的游戏。据我们的调查，至今仍有众多企业把它当作秘不外传的营销手段，只不过在法规政策越来越严格的压制下，包装得愈加巧妙一些罢了。

请看一则媒体报道：

> 近日，浙江省公安厅召开全省公安机关视频调度会，部署开展招投标领域突出问题专项整治第一次集中收网行动。
>
> 根据浙江公安对外发布的最新消息，该项行动在浙江省 11 个市同步开展，截至 5 月 13 日，共出动警力 1756 名，打掉犯罪团伙 85 个，抓获犯罪嫌疑人 298 名，涉案总价值 50.74 亿元。其中：破获号称省内“水利一哥”的杨某某、毛某某等人涉嫌串通投标案件，抓获犯罪嫌疑人 42 名，捣毁窝点 6 个，将盘踞浙江省水利工程的职业串通投标团伙一网打尽。成功摧毁以王某等人为首的“职业黄牛”串通投标团伙。该团伙依托婺城、义乌的建设公司，组织江西、

河南、福建、广西等外省公司，围串金华婺城、义乌、东阳等地工程项目。目前警方已抓获犯罪嫌疑人55名，捣毁窝点7处。（原载杭州网2023年5月14日报道）

这则报道不是个案，它让我们看到，看似不起眼的营销行为，会成为关乎公司生死的大事。围标串标的行为继续向前延伸，就不仅是违纪违规问题了。一些公司变身“职业黄牛”，团队作案，已经触犯了法律，投标人蜕变为“犯罪嫌疑人”，公司因参与犯罪活动，工商注册将会被取缔并面临更严厉的处罚。

## 过时套路山穷水尽

为什么说围标、串标是过时套路？这是因为近年来，国家强化了严厉打击围标、串标的法规政策。2022年国家发改委发布的《关于进一步促进落实市场主体，强化招投标管理的规定》（发改委法2022第1117号令），明确要求严厉打击逢标必中的所谓“标王”。

为什么某些企业成为逢投必中的“标王”？人所共知的公开秘密就是围标、串标。某些项目，有的投标人找几十家公司，甚至上百家公司明目张胆地进行围标、串标活动，属于明目张胆的违犯行为。围标、串标的盛行，是市场竞争中的怪胎，引人深思。

**案例**

据融媒体《新黄河》2024年4月11日报道，山东省发展改革委将三起围标串标案例进行通报。

兰陵县郭某某、苗某等人串通投标案。近期，兰陵县公安局成功破获郭某某等人串通投标案，抓获犯罪嫌疑人9名，冻结涉案资金310余万元。经查，犯罪嫌疑人郭某某为了承揽废弃地复垦项目，伙同兰陵县某建筑安装公司经理苗某及其公司投标科科长周某某，在投标过程中，与他人事先串通投标数额，并以明显高出市场价 718.8 万元的标额中标，导致国有资产流失。目前，该案法院已作出有罪判决。

沂水县薛某某、刘某某等人串通投标案。近期，沂水县公安局立案侦查的薛某某涉嫌串通投标案，经临沂市中级人民法院二审，作出有罪终审裁定。经查，2014 年 8 月，沂水县财政局对沂水县中小学信息化设备采购项目进行招标，薛某某与四川虹某软件股份有限公司投标负责人刘某某（已判决），伙同沂水县财政局原副局长丁某某（已判决），通过协调评审专家修改分数、与其他投标公司围标等方式串通投标，后四川虹某软件股份有限公司中标该项目，中标金额 9000 余万元，严重损害了国家及其他投标人利益。

桓台县王某某、孔某某等人串通投标案。近期，桓台县公安局经侦大队对王某某、孔某某等人串通投标案立案侦查。经查，2016 年以来，犯罪嫌疑人王某某先后成立 20 余家实控公司向山东某化工有限公司供应设备，在后期设备维护及配件耗材招标过程中，犯罪嫌疑人王某某将其标的商品设置特殊标记，随后逐级贿赂招标环节各层级人员，使公司招标公告默认使用具有特殊标记的部件，最终达到独家中标的目的。犯罪嫌疑人孔某某用虚构采购物料型号或标注特定符号的办法与该化工公司先后签订合同 160 个，串标 4.2 万个，涉及产品 1300 余种，多个产品中标价格超出市场价格 5 ~ 14 倍，给该化工公司造成重大损失。本案共抓获犯罪嫌疑人 25 人，逮捕 7 人，涉案金额 5.37 亿元，挽回经济损失 6000 余万元。目前，该案已依法提起公诉。

上述三起围标串标案例，有的内外勾结、暗通款曲，串通投标数额；有的围猎评审专家修改分数，伙同其他投标公司围标；有的弄虚作假，通过对商品设置特殊标记，从而达到独家中标的目的。

值得深思的问题是，没有哪家企业不知道围标、串标是违法违纪行为，可在相当多的案件和案例中，围标串标不仅被默许，甚至在私下被当作经验介绍，在高新技术企业里也不鲜见。还有一种所谓“围标专业户”，指某些公司相互勾连经常参与投标却从未中标，一个不中他投标干嘛？因为“投”就是他的目的，“中”不是目的。某些人注册多个空壳公司，专门替他人围标等。随着电子招标的全面推进，招标平台与各专业数据公司实现数据交互。大数据统计功能的上线，“围标专业户”将会被彻底清除干净。

在此，我郑重地指出：以围标、串标为营销手段的时代过去了。若仍自以为聪明的抱着这种手段不放，仍把对这一违规行为的警告当作耳旁风，以为只要做得巧妙一点便会蒙混过关，公司的市场营销将没有前途。这也是本书强调营销必须转型的重要依据。

## 营销新路柳暗花明

指出营销行业残酷的真相是为了说明，营销的困境在于陷入围标、串标的窠臼不能自拔，在恶意低价的自杀路线上不能回头。营销的出路在于向新质生产力引领的方向转型，用新的创新科技赢得市场青睐，用合规的操作限制无底线低价行为。有了这样的认知程度，企业便会在市场的大风大浪中“任凭风浪起，稳坐钓鱼船”。

**案例**

某机械装备制造类央企，在新产品研发中，需要采购作为核心部件的动力系统，评标委员会在评审的时候确认共有A、B、C三家公司满足资格条件。

根据评分标准的设置，在市场占用率、同类用户数（业绩）

等分值项上，A公司得到满分8分，B公司6分，C公司因是刚上市产品，此项没有得分。其他方面，三家公司得分相差无已，故而总得分A公司排名第一，为被推荐的第一中标候选人。

在集团公司的定标会议上，一种观点认为A公司产品上市多年，虽然稳定耐用，但性能已开始落伍，C公司是新研发新上市产品，尽管未得到大量的市场验证，但从产品验收效果看，功能强大，智能化程度高，从鼓励创新，优先“首购”（第一单）的角度应该选择C公司。另一种观点认为尽管C公司的技术先进，但A公司得分最高，且产品稳定成熟，应尊重评委会的决定由A公司中标。定标委员会的主流意见是倾向C公司中标的，因这一套刚刚上市的动力系统，确实在技术先进性上与之前的产品有代级差，但却担心选择C公司的产品违背了招投标规则。就在定标讨论犹豫不绝的时候，国务院办公厅发布了《关于创新完善体制机制推动招标投标市场规范健康发展的意见》[2024]21号令，其中第十六条“健全支持创新的激励机制”，明确指出：“完善首台（套）重大技术装备招标投标机制，首台（套）重大技术装备参与招标投标视同满足市场占有率、使用业绩等要求，对已投保的首台（套）重大技术装备一般不再收取质量保证金。鼓励国有企业通过招标投标首购、订购创新产品和服务。”

这就是新质生产力在招投标规则上的完美体现和最新应用，“首台（套）重大技术装备参与招标投标视同满足市场占有率、使用业绩等要求”，“鼓励国有企业通过招标投标首购、订购创新产品和服务”等规定，对企业技术生产与销售定位极准，针对性极强。只要企业不再因循守旧，确有推动社会进步的科技成果面市，规则直接给予中标机会。

同样是2024年出台的《关于规范中央企业采购管理工作的指导意见》（国

资委发改委 2024 第 53 号），响亮发出“发挥采购对科技创新的支撑作用”的号召，振奋人心。意见明确指出：“对于原创技术策源地企业、创新联合体、启航企业等产生的创新产品和服务，工业和信息化部等部门相关名录所列首台(套)装备、首批次材料、首版次软件，以及《中央企业科技创新成果推荐目录》成果，在兼顾企业经济性情况下，可采用谈判或直接采购方式采购，鼓励企业预留采购份额并先试先用。首台(套)装备、首批次材料、首版次软件参与采购活动时，仅需提交相关证明材料，即视同满足市场占有率、使用业绩等要求，中央企业不得设置歧视性评审标准。在卫星导航、芯片、高端数控机床、工业机器人、先进医疗设备等科技创新重点领域，充分发挥中央企业采购使用的主力军作用，带头使用创新产品。”

该文件有多处创新，对创新型企业营销来说可谓来了一场“及时雨”：一是扩大了特殊政策扶持的范围，“首台(套)装备、首批次材料、首版次软件”等均在此列；二是不受项目资金额度限制，可以不用招标，采用谈判或直接采购方式；三是鼓励企业针对创新产品预留采购份额并先试先用；四是需要进行招标的项目，仅需提交相关证明材料，即视同满足市场占有率、使用业绩等要求。

以央企在我国经济活动中无以伦比的重要地位，对市场竞争产生的无比巨大的牵引力、推动力和示范效应，这样的法规和政策文件频频出台，必将对整体营销生态的改变和重塑带来巨大冲击，每一家企业要对此保持高度敏感，闻风而动；每一个营销人更应对此保持高度警觉，及时跟进。

由此可见，新质经济形态通过法规与政策得以推动和保障，它也是项目采购与招投标的最高规范。国家早在二十多年前就颁布了《中华人民共和国招标投标法》和《中华人民共和国政府采购法》，与之相关联的法律法规还有很多，如：《合同法》《劳动法》《反不正当竞争法》《广告法》《民营经济促进法（草案）》等。我国境内进行的一切新型的市场营销活动都建立在对这些重要法律法规的认知之上。

2019年以来，由国家发改委主导对《招标投标法》、由财政部主导对《政府采购法》进行修订完善。《招标投标法（修订案）》《政府采购法（修订案）》都做了许多重要的创新修订、补充完善。这是每一个企业理解规则的最新最前沿的重要资讯。

《招标投标法（修订案）》改动的地方有几十处，其中，对营销最有关联性的一处改动是新增“评、定分离”的条款。“评标”与“定标”作为招投标全流程中两个独立的环节存在，目前还需要得到法律上的最后确认。全国半数以上省、市、区提前出台了地方性的“评定分离“政策规定，并在项目实施过程中全面推行“评定分离”。例如：2020年12月，四川省发改委、住建厅等六部门联合发布《关于在全省推行中标候选人评定分离机制的通知》，决定在全省推行中标候选人评定分离机制。主要内容包括：

（1）项目总投资在人民币3000万元以下（不含3000万元）的、打捆审批项目中的单个项目总投资在人民币1000万元以下（不含1000万元），鼓励招标人采用评定分离机制；

（2）招标人可以采用随机抽取方式从所有通过符合性评审的投标人中确定一定比例的投标人（不低于3家），并从中根据其资质业绩、信用等级等择优确定中标候选人；

（3）采用评定分离机制随机确定中标候选人的项目，一般应当实行总价合同。

以上，与2024年5月1日开始实施的《招标投标领域公平竞争审查规则》（国家发改委[2024]第16号令）落实招标人主体责任的精神，是一脉相承的。

对新质生产力的学习力、领悟力和执行力将决定企业的未来，是营销系统转型升级的唯一通路。未来企业的核心管理理念不再是“细节决定一切”，而是“新质决定一切”。这就是本书“新质引领营销转型”重要思想的全部意义。

“山穷水复疑无路，柳岸花明又一村。”新质引领下的企业营销，大踏步向深度、向规则、向技术、向文化营销转型迈进，这是企业在残酷市场环境下止跌回暖，逆势上扬的唯一选择。

温故知新

小练习

1. 多选题：当下的营销困境反映了我们公司在认知上存在哪些缺陷呢？（　　）

A. 疲劳效应　B. 迟滞被动　C. 惯性思维　D. 低价冲标　E. 盲目投标　F. 轻慢客户

2. 判断题："市场竞争中无底线低价冲标的行为，违背了公平竞争的市场规则，损害了以正常报价参与竞争企业的正当权益。"你认为这句话是对的还是错误的？对的打"√"，错误的打"×"。（　　）

3. 思考题：AI 时代，无论生产方式还是人们的消费方式都在发生巨在原变化，营销人如何快速跟上时代步伐完成新质营销转型，以帮助企业应对时代的变化？

______________________________

______________________________

______________________________

# PART 2 | 第二章 |

# 决策内幕与转型创新

本章金句

◎ 项目前端是营销攻关工作的黄金时间段。

◎ 执行层项目中的价值和作用水涨船高。

◎ 企业的营销团队和客户经理都应建立三管齐下，两条腿走路，层级对应且略高半级的营销新思维。

◎ 战略性客户攻关切莫在一棵树上吊死！

# 项目决策全流程

新质生产力的显著标志是创新思维。经济学家黄奇帆指出："原创性、颠覆性创新是新质生产力的核心特征之一。"（据《数据资产最前线》2024年9月23日）而当前企业营销最大的短板就是营销创新思维跟不上时代前进的步伐，经验主义、直觉主义、"潜规则"主义思想在营销界横行。

直面新质经济形态下的营商环境，我们会发现，国家重大项目立项与投资决策方式已进入法制化、流程化、电子化的新阶段，一般项目的立项的正规化也在逐步跟上，依法立项、依法招标的局面正在形成，甲方市场正在发生前所未有的深刻变革。

对项目方内部决策机制、决策流程中的程序原则、心理动因、权力制衡因素缺少洞察和了解，是企业市场营销的普遍性缺陷，即使在超大型企业、在近年崛起的新锐前沿公司，这一问题同样严重存在。《孙子兵法·谋攻》云："知己知彼，百战不殆；不知彼而知己，一胜一负；不知彼不知己，每战必殆。"足见知彼的重要性。知彼，即指全面细致深入地了解客户内部结构及其运作流程。当下在中国做项目，哪怕是几万元的小单子，首先也得程序合规合法。若是百万元以上级别的项目，流程走起来就相当复杂了。单就项目的立项论证，就得好几个回合，专家们大大小小得开好几次会。营销人员要做的，就是补齐短板，弥补认知上的缺陷。

## 项目前端关键节点

项目决策的整体流程，项目方会分三个阶段进行管理，即项目前端、项目中端和项目后端。这也就是营销人项目跟进的三个阶段。

根据业主方投资立项与采购招投标管理制度，从项目立项开始到发布招标公告的整个过程，我们把它称之为项目前端。项目前端是营销攻关工作的黄金时间段，把握不住项目前端，便不能说有真正的市场营销活动的开展。我们把营销人必须了解的项目前端的关键节点提炼为下图（如图 2–1 所示）。

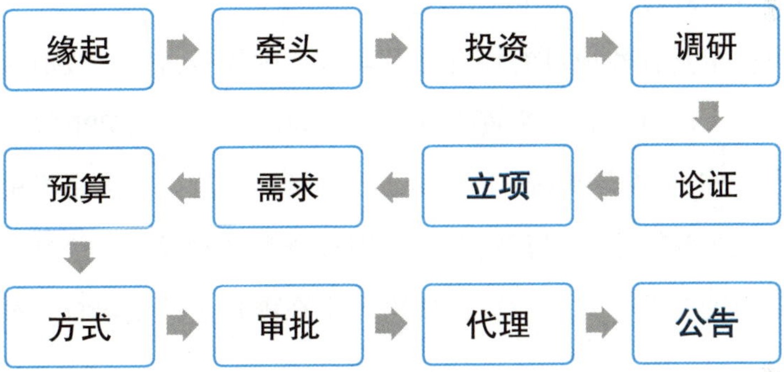


图 2–1　项目前端的关键节点

如图 2–1 所示，按时间轴将项目前端全流程关键节点分解为两大阶段十二步。从“项目缘起”到“立项完成”是第一阶段，从“需求落实”到“招标公告”正式对外发布为第二阶段。请记住，企业对每一节点的了解深度和介入程度，决定着营销工作的成效和中标的概率。

**缘起：**指项目的起因。业主是在什么背景下，受何种政策驱使，基于哪些需要，考虑要上某个项目。主要有这几个因素：

一是国家建设的战略规划布局，国家投资的建设项目都属于这一类型，如高速铁路、港口机场建设，智慧城市、功能开发区以及乡村振兴等。如国家一条高铁线路规划完成，铁路沿线的地方政府就会相应规划出台配套设施，设计打造铁路商圈，经济技术开发区、房地产住宅小区、物流运输园区、教育文化园区等就会应运而生。

二是行政办公需要，政府采购基本上属于这一类型。

三是各行各业的生产要素和非生产要素采购，企业采购招标大都属于这一类型。

**牵头：**指多方共建项目的牵头方及项目方的牵头人。除了办公用品采购和企业生产所需的原材料采购主体比较单一外，其他类型的项目往往会有多个责任主体，分为主导方和参与方。面对此类复合性项目时，营销人必须了解清楚谁是项目的发起人和牵头人。

**投资：**指复合性项目的投资方及其各自的投资占比。政府投资项目国家资金占大头，但也会有其实资金的参与，如广为流行的 PPP 模式（即政府与社会资本合作 Public-Private Partnership 的简称）就是。多个投资主体、多种资金模式如国有资金、民营资金、信用资金等同时投资一个项目，是解决项目资金来源的有益方式。投资占比决定了在项目上的话语权，兹事体大，不可不察。

**调研：**指针对项目主题，由牵头单位发起并主导进行的信息搜集、访问调查和专题研究等活动。调研活动最后会形成调研报告或需求说明书，在项目的设计思路、技术选型、规模范围、阶段划分等核心问题上起着初创性、基础性的作用。

**论证：**指项目论证会。它是立项过程中的不可或缺的重要环节，由论证专家就调研报告或者需求说明书进行集中讨论，以修正、丰富、改进、完善报告中的设想、标准、步骤和具体功能，论证会根据需要可以一次也可以多次举行，论证专家的身份与参与办法没有法定的规定，相比评标委员会的管理模式，对论证专家的管理要松散很多。对大型项目来说，营销人的意见在论证会阶段没能吸纳进去，那将会失去技术规范和方案上的发言权。

**立项：**指项目经过论证和决策委员会审核后获得通过，正式确认，它是项目第一阶段结束，第二阶段开始的转折点。

**需求：**指根据立项报告通过的内容，对项目需求进行调研和明确，它是项目正式启动的标志，是项目能不能按计划实施并完成合同约定的重要前提。近来国家对项目需求提出明确要求，项目的物品采购清单、工程量清单达不到具体、精准、可量化的程度，不得进行招标。这一要求对营销人的提示是，介入到需求落实阶段会影响到项目的工程量、工作量和数量的确定。

**预算：**指立项确定下来的准确的项目资金额度，它最后会在招标文件里以预算资金或最高限价的形式出现。若投标人能提前获得预算额度，有利于对项目的难易度及利润空间进行综合评估。正常情况下，项目不会追加预算，投标人的报价不得超过预算。

**方式：**指项目以什么方式组织采购，实现采购目标，即项目采用招标采购方式还是非招标的其他采购方式。招标方式指公开招标和邀请招标。非招标方式主要是指竞争性谈判、竞争性磋商、单一来源采购和询价采购等。在一些地方和企业集团也有自拟的采购方式，如谈判采购、直接采购、询比采购、比选采购、竞价采购等。采购方式的确定，国家对依法必须招标项目有明确的法律规定，对非依法必招项目，采购主体有一定自主权，但在实操过程中仍有不确定性的因素。采购方式不同，投标人的竞标策略就要相应调整。

**审批：**当前面的各环节都准备到位后，就进入到最后的审批环节，这个时候招标文件的所有条款都已经编制完成，审批由项目方的决策团队来完成，审批不过，退回重来。审批通过，则项目进入招标的正式启动阶段。

**代理：**指接受委托具体负责项目招标相关事务的招标代理公司。政府采购项目，招标代理公司是在公共资源交易中心的代理机构资源库里随机产生，投标人是不可能提前掌握代理公司信息的。企业招投标，一般会与代理公司签署委托协议，投标人有提前掌握代理公司信息的可能。

**公告：**指正式面向社会公开发布的招标公告，它是项目招标准备正式进入招投标阶段的标志，是投标人获取项目准确信息的最重要的载体。投标人是否满足招标的资格条件，能否入围，关键就是解读招标公告的内容。需要提醒的是，招标公告是招标文件的组成部分，但它是提前单独发布的。

## 项目中端重点提示

从招标公告正式对外发布到确定中标人属于项目中端，这一时期是投标人最紧张最忙碌最刺激的阶段，也是评标专家评审、招标人定标，决定投标人命运的阶段。我们把它划分为八个环节（如图 2–2 所示）。

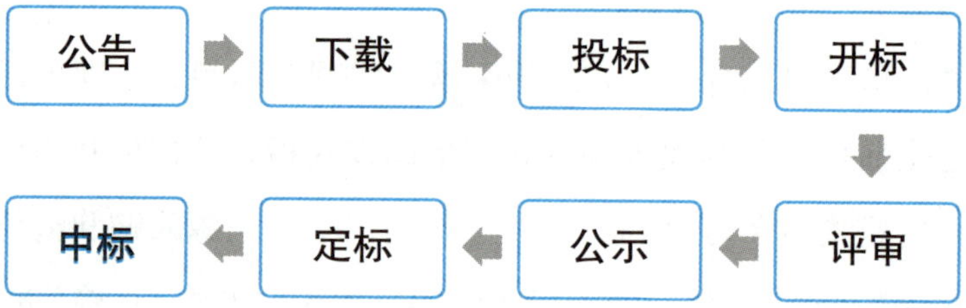


图 2–2　项目中端的八个环节

**公告：**招标公告出来后，投标人必须第一时间分析公告里面的所有信息，检查是否符合投标人资格条件的要求，从公告里给出的每一个信息判断项目的难易度，并迅速做出是否参与竞标的决断。

**下载：**政府采购平台注册后可以免费下载招标文件，企业招投标一般需要缴纳标书费才能下载。若对招标公告的分析不足以做出参与与否的判断，那就需要通过对招标文件的分析来决定，任何的拖延都会占用投标准备时间，都是错误的行为。

**投标：**这里指的是投标准备和投标文件编制并参与竞标的过程，这是投标人在项目中期最最重要的工作，是一个公司营销管理能力的综合体现。投标如果之前没有客户关系的铺垫，属于“撞大运”式的盲目投标，高质量、无瑕疵的标书制作是投标人唯一的救命稻草。若是老客户的新项目投标，优质无瑕疵的投标文件是业主之前选择正确性的最好证明，也是继续选择你中标的最有说服力的证据。投标文件编制绝非标书编写者个人的事情，也绝不能只是体现出编制者个人的水平，无论何时何地，无论哪个项目，无论由谁来执行，只要是公司递交上去的标书，都要能表现公司的最好形象，体现出公司的最高水平。我反复给企业家们讲过一句话：标书才是公司最好的形象LOGO。

**开标：**在电子招标平台普及后，投标人开标的风险相比线下纸质标时代发生了巨大的改变，因为对平台的不熟悉不适应导致的提前出局频频发生，让投标人欲哭无泪，损失惨重。譬如单就一个投标书上传的小问题，就可能因为版本的兼容性问题而使投标文件里的数据丢失，导致投标文件被判定为无效文件。新质时代对营销的影响可以说无处不在，体现在每一个工作细节里。

**评审：**在招投标制度体系的设计中，评审环节是决定性的一环。近来的招投标实践，评标专家的作用被无限放大了，评标专家违纪被处理的案例逐年增多，导致约束评标专家的随意性裁量权成了新政出台的目标之一。网上评标的智能化和异地分散评标的推行，能有效解决评标的公正性和科学性问题。投标人可以打消私下约见评标专家干扰评标过程的小算盘了。

**公示：**中标公示作为招投标公开公平公正本质特性的重要保障，在近来的招投标新政中得到了进一步强化，《招标投标法（修订案》文件对中标公示内容做了大幅增加，除了必须公示的中标价格外，中标候选人的资质、业绩证明材料，参与竞标的投标人评审得分、评标专家个人信息等也纳入了中标公示发布的范围，这些信息将成为投标人了解评标专家及评审情况、获取竞争对手信息的主渠道。所有参与了项目竞标的投标人必须第一时间关注中标公示，它是进行质疑投诉的主要信息源。

**定标：**《招标投标法（修订案）》和 2024 年以来出台的新政，如国务院办公厅《关于创新完善体制机制推动招标投标市场规范健康发展的意见》（国办发〔2024〕21 号）都对定标环节进行了确认。定标，将成为评标结束后招投标全流程中一个独立的、由招标人主导的工作环节，它的功效在于更好地做到“责权利”的统一，弥补评标委员会由于不是项目责任主体可能的偏差和失误。由于定标的规则和方式需要在招标文件提前公布，会一定程度上减轻投标人对项目公正性的担忧。

**中标**：在中标公示发布时间截止，投标人没有异议，这个时候产生出正式的中标候选人。中标候选人在获取“中标通知书”后还有重要的工作要做，即“清标”（工程行业）与“合同谈判”。这是合同签署前重要的基础性工作，招投标双方都会非常看重这一环节。需要提示的是，招标方有时会提出继续进行中标价格调整的意愿，说得直白点就是希望中标公司在中标价格基础上再次让价，这种要求是过份的、违背招投标管理规定的，中标公司完全可以理直气壮地拒绝招标人的要求。

# 项目决策结构图

## 三层与两线

从上一节对招投标整体流程的分析可以看出，中国市场环境下的项目决策机制，即使从全球的视野来看也是科学的。最重要的规则保障是：政府采购、国有企业的招投标项目，业主不能直接决定项目的归属，也就是出资方不能直接决定获利方。比方说某公安局需要采购警用装备，公安局长也就是业主的大领导能直接就定了吗？某财经大学需要采购大学生信息管理数据平台系统，学校校长直接说了算吗？某市政供暖公司需要检修设备，可直接找领导家亲戚做吗？在市场经济刚起步的某个阶段，或许确实有不少此类现象，但在当下，可以直接回复说：不行。

无论项目大小，其决策机制在内部有三个层级构成，我们把这三个层级分为决策层、管理层和执行层。我使用的是层级的“层”这一概念，它区别于单一客户关系指向的单个“人”这一概念。今天，仍有营销人对三个层级的项目决策机制是漠视的，以看起来似乎很世故的神情说：别看层级、流程很复杂，还不是领导一句话。我认为这是过时的亟待改变的市场观念，也是对客户内部管理机制认识肤浅的表现。三层次相互作用，共同完成对一个项目的决策程序，每个层级每个岗位的重要性都不可忽视。

**（1）决策层。**

政府采购和国有企业，包括大部分的民营企业集团，只要涉及项目采购，没有个人直接决定的，都会有一个决策团队，常见的称为“采购管理委员会”，有的国企叫“招标管理领导小组”，只要是采购管理委员会或招投标领导小组的成员都属于我们说的决策层，它包含了董事长、总经理、纪委书记、副总、总监等所有重要高层管理人员。

**（2）管理层。**

指在决策层的领导下，与项目采招有直接关系的部门负责人员。如工程类项目，直接负责的有工程建设部、基建处、投资处、计划处、企管处等。若是货物类项目，则是物资处、生产处、办公室等。这些部门的部长（处长）、副部长（副处长），包括采购中心的主任、副主任，都属于管理层。

**（3）执行层。**

在管理层的领导下，负责立项、需求落实和招标方案设计的具体工作人员。他们的来源广泛，凡属于有采购需求的业主各部门，都会有需求对接人，也称为“兼职采购员”，这类人员都属于执行层。如果业主不通过代理公司，自己完成招标全流程的话，执行层还负责整个招标过程的操作与运行。

营销人必须清楚，任何项目的完成都是三个层级的人员各司其职、协力配合的结果。决策层作为业主的高层负责人，也不能越级代替管理层和执行层来操作项目。管理层既要上对决策层负责，也要参与执行层的具体工作，还要居中协调各相关部门的关系，他们面临的难题最多。执行层貌似职位不高，权力有限，但在项目决策管理规则化和技术含量越来越高的新质时代，他们在项目中的价值和作用也是水涨船高。有关各层级的权力边线及运作模式，我会在下一节进行详细解读。

尽管业主是项目的发起人和最终归属方，但要把标的物采购到位，除了业主的三层次必须到位以外，项目还得通过第三方即招标代理公司来操作。依照地方政府规定，除政府采购外，国企招标项目也必须通过政府主导的公共资源交易中心和招标信息平台。

任何项目只要是通过了第三方，业主方心仪的公司，圈内的行话即所谓“内定”，有没有可能出现意外？当然有。当进入法定的程序后，不可控因素非常多，没有人能完全左右。尽管项目的评审全权负责的是评标委员会，评标专家有相当大的评审裁判权，但他们得按规则独立评审判分，再进行集中统计复核。有些营销人认为评标专家评审打分似乎是随心所欲，这种猜测与真实情况完全不符。假如评分标准的设定是：“投标人的一份合格资质得 1 分”，评标专家除了给出 1 分或者 0 分的分数外，不能打出任何其他分数。评审结束了要对外发布中标公示，其用处在于，中标候选人有任何违规行为，招标过程中有丝毫的瑕疵，其他投标人都有质疑投诉的权力，以此推翻现有的结论。隐身于幕后的监督机构则对招投标全流程拥有纠偏纠错的权力，有受理投诉的职能。他们不与与招投标双方人员见面，但他们一直在守护着项目的底线，为项目在合规基础上顺利进行保驾护航。

由此可见，除了业主这一条客户主线以外，项目招标流程中还有一条线，即以招标代理公司为龙头，串连起招标全过程开标、唱标、述标、评标各环节的另一条线。

在决策过程中，业主这一条客户主线我们称之为“需求线”，招标代理串连起来的另一条线，则称之为“操作线”。对客户主线即需求线的重视是无须多言的，没有一家企业会不在意业主。但对另一条线串起来的操作线上的各方，企业的认识程度就有差异了。主要有如下几种情况：

招标代理公司——有人片面地认为他们可有可无，甲方说谁中就谁中。

评标专家——知道他们重要，但对他们的评审方式和纪律约束盲然不知。

招标平台——经常参加网上投标的公司有的吃亏了，才开始警觉网上招投标的特殊性。目前，投标人关注的重点还是限于平台操作方式的层面，如注册、下载、上传的操作流程等，对电子招标平台对招投标生态的改变，从市场营销管理层面加以重视的，仍少之有少。

监督机构——在多数投标人的眼里，对他们的存在和作用，感到陌生。

要想营销成功，把这两方面合起来，它就形成了一个三个层级：决策层、管理层、执行层和两条线：需求线和执行线，共同构成了新质时代完整的项目决策结构图（如图 2–3 所示）。

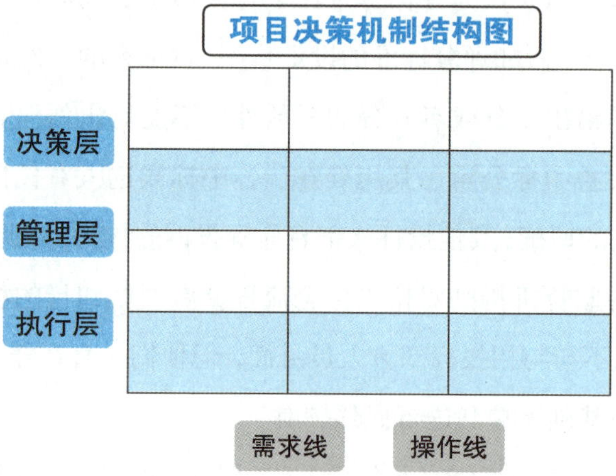


图 2–3　完整的项目决策结构图

图 2–3 所示，呈现的每一个关键点，都是营销人的公关对象。营销由针对某个人的关系突破，变成由三个层次、两条线构成的一个“圈层”的突破。

根据项目决策内幕的结构构成和特性，营销转型战略的建立就很清晰了。企业的营销团队和客户经理都应建立三管齐下，两条腿走路，层级对应且略高半级的营销新思维。谨记，在招投标时代，战略性客户营销切莫在一棵树上吊死！

我把成语双管齐下改成了“三管齐下”，就是对应决策层、管理层、执行层的三个层级，营销上要有针对性的策略与方法。“两条腿走路”是指客户关系这条腿迈出去后，招标代理公司为串连的操作线这条腿也得迈出去。营销不能只有一条腿，两条腿还得保持均衡，否则，一条腿走得快，另一条腿走得慢，营销就“瘸”了。绝大部分公司营销人的精力全放在需求线这条腿上，对操作线这条腿投入精力不够，靠前一条腿拖着走，这是一些企业中标率不高的原因之一。

“层级对应略高半级“是什么意思？营销人无论是见业主还是见招标代理，亦或是到监管机构去反映问题，都存在一个管理级别。有些企业营销管理上是一个销售经理负责到底，这种营销模式有它内部管理的合理性，但见客户执行层的小年轻和拜访高层领导都是一个人，这是欠妥当的。小微企业或许难以避免，但对大中型企业来说，应该实行分层对应营销，且还要略高半级。见客户决策层，销售经理带路，自己公司的老板得出面，见管理层，需要销售总监或大区销售老总级别的人。见客户副职，最好我方有正职出面，这不仅显示出对客户的尊重，更是对项目的重视。

## 三层次定位

**（1）决策层价值。**

营销人不能只知道决策层权力大，还要知道决策层的权力经过一整套决策机制的运转后其权力的边界所在。有些营销人认为民营企业集团没有决策团队与决策机制，就是老板说了算，这是极大的误会。我国民营企业在做大做强的过程中，管理规范化是显著标志。我去过江浙等地的多个民企集团调研和授课，它们都有完整的决策流程，而且有些企业的采购管理委员会，投资人、大老板并不在名单里面，而是由负有直接管理责任的总经理、财务总监、技术总监、法律顾问、董事会秘书等高管组成。

在项目流转的过程中，决策层在两个环节会直接出面，即立项阶段与定标阶段，工作职责是参与立项审批会和定标评审会，并发表决定性的意见。毋庸讳言，定标环节增加后，决策层直接参与项目运作的概率增加了，也不用遮遮掩掩了，可以坦坦荡荡地发表自己的观点。这是一件好事，会促使决策层成员有机会直接在公开场合亮明自己的观点，减少幕后“交易“的发生。其他工作环节决策委员会的成员是不会也不能直接参与的，如开标、评标这些活动，决策层成员除非特殊情况禁止参加。

新质经济时代，“一句话”“一言堂”“一支笔”的情况会减少或者变得更加隐晦，决策层内部也会有矛盾和不同意见，需要讨论和协商。它给我们的重要启示：一是立项报告编制中提前确定的技术倾向和对中标方的要求至关重要；二是前期针对领导个人的公关，即使效果尚佳但离中标的目标仍很遥远；三是一把手心目中若有意中人不会早早公开说出来。

**（2）管理层职能。**

指的是在项目招投标全流程中，管理层会全程参与，并在具体事务的处理上具有决定权。他们在项目决策中发挥着举足轻重的作用，是营销人接近、密切关系的主攻目标。

管理层的人不像决策层只在两个环节公开现身，在招投标全流程的每一个环节，都会出现他们的身影。在需求内容确定、招标文件审核、代理公司选择、业主评标专家挑选、与评委会的沟通、质疑事务的回复解答等方面，管理层有直接拍板的权力。

管理层还有一个不会写在工作责任单上的隐晦职责，就是领导意图的下达。在纪律和规则的约束下，具有领导艺术的决策层高管是不会直接说出自己的意图的，这既考验管理层对决策层意图的领悟能力，还显示出他们向执行层传达时的艺术性。

**（3）执行层作用。**

直到现今营销界仍普遍存在重上轻下的倾向，认为无论单位大小无非领导一句话，底下干活的人哪有说话的份，跑腿办事而已。这是典型的陈旧的权力思维的表现，说明营销人不了解招投标权力结构分散化的特性。

执行层人员除了采购中心的专职人员外，还涉及一个单位有采购需求的所有部门，每个部门都会有兼职的采购人员，他们负责收集整理本部门的采购需求，编制需求说明书，上报材料，与采购中心进行交流对接，这一部分执行层人员居于项目全流程的最前端，属于项目缘起之地，营销人员有可能难以发现他们的存在。我在吉林长春某高铁机车制造集团讲授采购招标课程时，一百多专兼职采购员来自几十个职能部门，有设计院、实验室、党群部、质量部、下属分厂、进出品部、物品部、仓储部、保卫处等，他们都是技术岗位，在项目采购和招投标中起着起源性、前端性、专业性的作用。

执行层在项目前期准备中承担的工作责任一方面是事务性联络，另一方面是需求落实、方案设计与技术文件编写。执行层有决策层、管理层不可替代的特立价值，绝不可轻视。项目的技术含量越高，项目的管理越正规，执行层的作用越大。在新质经济时代，工业信息化、智能制造、芯片、大数据与人工智能、网络服务等行业，由于项目技术含量越来越高，执行层甚至一定程度上能左右项目中标的走向。

## “一把手”介入

或许有人会对“一把手”的说法感到陌生，但在营销人心中，“一把手”作为项目方最高权力的代名词，有着至关重要的份量。“一把手”，在企业一般称为董事长，更隐蔽的说法是“实控人”。在机关事业单位，或称为书记、局长、院长、会长等。尽管我再三强调招投标交易制度导致权利分散了，分散到决策层、管理层、执行层三个层面，还进一步分散到招标代理、评标专家等各环节。在决策层里面，每位高管都有发言权，也都可能有自己的“考量”，但无论权力如何分散和制衡，“一把手”的权威仍是不可置疑的。

但“一把手”并非什么项目都会出面，都会亲自下场参与决策或在幕后遥控。有的企业接触不了决策层和最大的领导，很苦恼。问我该怎么办？我回答说要根据项目金额大小与重要性来确定。

哪些项目类型客户“一把手”会亲自下场呢？

**（1）政治导向型。**

在政府机关和国企里面，具有政治导向型的项目，“一把手”一定会出面主抓。例如：党政机关、企事业单位，在进行党建教育时，需要开展党建活动，如红色教育基地参访和专题培训课程。这种项目党委书记一定会参与，前期主题设计、计划安排、聘请讲师等环节都会亲自做出指示，管理层会按照一把手的意见来组织采购活动，选择专业机构来实施。

**（2）战略地位型。**

战略地位型项目，是指该项目在业主单位具有战略地位，是业主单位年度的工作重点、头等大事。

例如：根据中央大力发展新质生产力的要求，黑龙江某电气制造企业集中精力研发具有国际领先水平的重型燃机，可大幅提升大中型电站发电机组的智能化程度，该项目上报中央，列入公司战略保障项目。在项目的设计研究、立项审批以及围绕项目所需的物资采购等全过程，“一把手”全程参与，其他决策层成员分工协作。

**（3）技术领先型。**

新质引领的重要特征就是各地各行业智能化应用场景的全覆盖，凡属于智能化场景应用的技术型项目，“一把手”没有不热衷的理由。政府机关里面的办公厅，每年的采购计划涉及各部门的办公需要，有办公室的行政耗材、车辆维修，有工会组织的文体比赛，也有便民服务平台的自动化场景建设，“一把手”都会希望自己管辖地区的场景应用是最先进的，最好能够引起更高层关注，来此开一个现场会。

**（4）资金丰厚型。**

资金丰厚型是指在业主单位全年的项目投资计划中，资金占比最靠前的项目。一个地区的城投公司，年度投资超十亿元的项目有五个，过亿元的项目十个，这些项目“一把手”都会亲自主抓而不是一般性的参与。相比两个亿，一两百万元这样的小单子他就不会管了。

**（5）关系特殊型。**

关系特殊型，指项目未必有前面所讲的几类那么重要，在项目管理级别上也不是“一把手”必须参与的项目，但营销确实做到位了，“一把手”不出面都不行。你的做人做事、你的相关的关系确实是让“一把手”觉得这是一个特殊型项目，哪怕项目不大他都会过问，尽管他本来只抓上亿元项目的，你这个项目才几百万元，他也会顺手的关心一下。

除上面五种情况，“一把手”不会直接参与，由分管领导牵头、决策层成员合议决策，中小项目则由管理层负责人来主抓，掌握这个原则后，营销人就应该知道工作的重点在哪里。

# “内定标”解析

浏览一下网络会发现，网上充斥着对“内定标”的议论，最能引起共鸣的说法是：“招投标就是一个过场，全都是内定好了的。”点赞者众多，议论纷纷，似乎这就是招投标的真相。

营销人关心客户是不是“内定”了某家企业，以此来判断自己还有没有中标的可能性，这是再正常不过的心理。但你真的认为“项目全靠内定，招投标就是走过场”吗？若企业以此种认识水准来建构自己的营销体系，则大谬特谬。

在项目准备过程中，泛泛地猜测“内定”与否是没有意义的，这个阶段的变数极大，通过道听途说得来的似是而非的信息做出项目已“内定”的判断更不靠谱。对所谓“内定标”，需要进行全面细致的分析研判。

其一，“内定标”是甲方所愿，但是不是一定要内定某一家公司则不一定。换句话说，客户主观上一定是希望自己理想的公司中标的，他是有“内定”的愿望与冲动的，但是否非得“内定”某公司中标，即使违规操作也在所不惜，其他投标公司即便更适合也不考虑，这种情况是个案还是普遍现象？我以为是个案。

理由有二：一是客户很难对一家投标企业好到如此不管不顾的程度；二是招标全流程的规则化，业主操控难度的加大，让内定某家的想法难以完全实现。更常见的情况是，在入围供应商里面，A、B、C 三家公司都满足招标条件，客情关系也各有门道，谁中标都是可以接受的。将单一“内定标”夸大，是营销人对项目决策内幕、对客户的心理活动知之甚少的缘故。对此请保持冷静清醒的认知。

其二，并非每个项目客户都有理想的“内定”中标公司，尤其是对缺少供应商积累和采购经验的新项目，或者非重大、零星的采购项目，客户别说“内定”了，有时连要求的三家报名供应商都凑不齐，临开标了还在担心项目流标。最后成功中标的公司业主并不熟悉，甚至公司名称也是第一次听说的事并不鲜见。

其三，客户确实想让某公司中标，也可以说有“内定”的企图，但并非是为了私欲，而是出于公心，是为了项目的质量保障和节省开支，希望与真正知根知底的放心的供应商合作。这在采购人心中是最普遍最真实的心理，营销人一定要了解。实际的采购工作中，有些业主方为了把供应商的利润挤干净，在合同谈判时还继续杀价，杀得中标公司叫苦连天。若这也可以称之为“内定”的话，此“内定”非彼“内定”也。

其四，某些客户确实有私心，一心想让私交比较好的某公司中标，为达目的不惜违规操作，这才是营销人所谓“内定标”的真正含义。但将前面三种情况合起来看，此类单一“内定标”只占全部项目的少数。

归纳起来，“内定标”分四类：

- 非单一“内定标”，若干家均可；
- 完全没有内定，真正体现出公开公平公正的招投标精神；
- 有内定但属于非私心的正向“内定标”；
- 带有个人不可告人目的的单一“内定标”。

在“内定标”里面，若甲乙双方的操控能力都很强，从政策法规的应用、招标文件里面的“挖坑”“埋雷”，到投标文件制作的细节检查都做得天衣无缝，那这种“内定标”的中标概率可以接近100%。但问题是，即使是公关完全到位的客户也不能包办一切，将“内定”的意图规则化，客户是勉为其难的，需要由投标公司的营销人来协助完成这项任务，可有多少投标公司对规则的理解和应用能力、对招标文件的控制能力能做到百分百？

由此可见，营销人不要一听到项目“内定“就吓破了胆，放弃竞争，经过对项目信息的仔细甄别，市场机会往往在继续坚持下去的努力之中。

# 营销转型创新思维

新质引领营销转型不是一个口号，是关乎企业前途命运的当务之急。企业迫切需要建立新质营销转型的创新思维，应主要聚焦于以下五个方面，即：价值突破、技术先行、观念认同、共同成长、人品互鉴。

## 价值突破：从利用价值到创造价值

从利用客户价值到创造客户价值，是新质营销转型的一次跨越。所谓“利用客户价值”是指“我从客户哪里得到什么”，是以“我”为主的思维方式；“创造客户价值”是指“我能为客户做些什么”，是以“客户”为主的思维方式。这一价值观的改变，能让企业的营销工作面貌一新。

有人说，这不新鲜，在企业管理中常常会提到“以客户为中心”等概念，但含义是有不同的。“以客户为中心”表现在尊重客户并全心全意服务好客户，竭尽全力满足客户的需求，一切围着客户转。“创造客户价值”则有更高的追求，它表现出来的行为是在尊重客户的前提下并非一切围绕客户转，也不一定任何事情都对客户言听计从，而是在与客户的交往合作中，通过对客户业务流程与方法的深度了解，为客户的技术特性和管理改进提出建议，能为客户工作效率提高主动贡献力量。在满足客户需求基础上超越需求，在服务客户的同时提升客户。其特性如表 2–1 所示。

表 2-1　价值突破的三个层级

| 定义 | 特性 | 层级 |
| --- | --- | --- |
| 以客户为中心 | 为客户服务 | 服务营销 |
| 为客户创造价值 | 替客户思考 | 主动营销 |
| 创造客户价值 | 促成客户自己做事 | 价值营销 |

**案例**

安百拓（Epiroc）是一家专注于采矿与基础设施建设的成立于瑞典的外资企业，在矿山机械设备生产上有超百年历史。该公司在福建某矿山公司设备采购项目的跟进过程中，数次到现场进行考察与技术交流，交流中发现客户随着生产规模的扩大，确实需要购买矿山开采设备，但在选购国外品牌与国产品牌上举棋不定。国外品牌智能化程度高，但价格也偏高，且人工智能采矿系统只是下一阶段的刚需，目前并不迫切，国内品牌虽然不那么“高大上”，但也可以满足目前的需求。

销售经理在了解到客户的想法后提出了针对性解决方案，明确告诉客户，我公司现有产品已集成了智能化功能，后期自动化施工实施时，只需在原设备基础上加装升级系统即可，现有的生产设备可继续使用，无需另外采购，这可为公司节省重复采购的开支。然后安排客户专程到已经使用了同类智能化产品的矿区进行实地观摩考虑，以此打消客户的疑虑。客户最终选择了安百拓公司的方案，既省了费用，又推进了现有施工设备的一体化进程，是一个双赢的结果。

与之相反，与客户合作中价值递减，双方关系就会由和谐退化为紧张，由紧张退化为中断。这样的案例，在企业实际的经营管理过程中，也有很多。

**案例**

M是一家做CRM软件系统的新创公司，技术能力很强大，投标时以其让人眩目的产品演示征服所有评委，顺利中标了北京一家大型国企BG的信息化管理项目。项目投入运行后，因系统功能强大运行稳定操作简易，客户上上下下都觉得这次招标结果令人满意。可一年时间不到，情况开始变化，M公司的服务响应没那么及时了，系统运行中出现的Bug得不到及时修复。后来，BG集团发现，兄弟公司也用上了类似的系统，在数据处理上，有些功能明显优于自家的系统。更让人苦恼的是，提供服务的M公司系统一直是中标时的版本，没有持续升级和更新。BG集相关管理人员找到中标服务方询问情况，意外得知M公司在中标BG集团项目后想趁机大干一场，一边寻找风险投资一边招兵买马，没想到摊子摊得太大，融资却失败了，公司资金面临断裂，对研发团队进行了缩编，技术核心人员大量流失，项目上力不从心，持续的价值创造更是无从谈起。

这种情况，哪怕曾经客户关系深厚如冻土，也经不住解封后雨水的冲刷，更何况本来客情关系就一般？靠独特的技术优势中的标，如果出现价值输出落后甚至停滞，业主决定中止合同，更换系统，也都是正常的。

创造客户价值在与战略客户保持长期合作中，尤其重要。当项目初次竞标时，或许营销经理们依靠人脉关系的建立、与客户情感联络以及招投标技巧到位就能获取中标，拿到项目。但合作时间越久，则越会感到单靠客情关系维护的项目难以持久。对客户来说，使用方和采购招标部门责任重大，稍有差池都难脱干系，若合作方长久没有优质的价值输出，他们没法向公司交待。所以对已有的老客户，不要一味只是联络感情，而应该更多从价值贡献上考虑问题，情感维系让度为价值创造才是正道。

十年二十年的长久合作，客户企管部、资产部、计划部、合同部这些与采招工作紧密相关的部门人员可能换了一茬又一茬，我们的营销公关进度有时会跟不上客户项目负责人的更换速度。遇到这种情况，靠持续不断地建立在产品质量、技术革新与服务品质基础上的价值输出，就能发挥独特作用。在某种程度上说，与客户的合作时间越短，情感因素越高，价值因素越低。反之，与客户合作时间越长，情感因素越低，价值因素越高。

无论是海尔、美的、格力等老牌的家用产品制造商，还是上汽大众、一汽红旗、比亚迪、奇瑞等汽车制造巨头，都有一批相对固定的配件生产厂商，一年或者两年都会来一次全供应链的供应商筛选，有的供应商无论怎样筛选都稳如泰山，有的则会淘汰出局。仔细考察那些稳固的合作伙伴，除了极少数由制造商投资控股的企业属于利益关联方，绝大部分公司都是因其出色的价值创造而赢得客户长期信任。

作为共和国汽车产业的“长子”，数十年来，中国一汽集团在自主汽车品牌打造上一直是扛旗者，在新质生产力到来的今天，仍保持强大的科技创新力。某跨境物流集团之前与一汽集团合作的份额很小。随着一汽集团改革力度加大，物流全部交由合作方来做，该物流集团提前布局，在离一汽集团生产基地较近的地方，长租下大片园区建立仓储基地，不仅可以充分满足整车产品仓储的需要，还可以为一汽集团提供其他配件的短期储运，且全部实现智能化管理。这既提升了自身的竞争力，又为业主解决了难题，形成了你中有我，我中有你的局面，并逐步与客户深度融合，进而取得双赢的结果。从价值创造走向价值融合，从利益交换到利益共享，如此双向奔赴，应该是每一家企业的梦想。

对售后服务不能中止或间断的行业来说，持续不断地创造价值，就是营销的灵魂。对间歇期施工型的企业而言，开挖一条河渠，打通一条隧道，修建一座矿山，同一个业主绝少有连续性的需求，通常都会有一个间歇期。项目完成后的这个阶段，营销工作难免会有不着急、松口气的念头，也就不可能有持续的价值输出了。

事实上，项目的间歇期，绝非营销的间歇期。主体工程实施完成，围绕主体工程还会有维护维修工程以及扩展延伸工程。一期工程完成后还可能有二期工程，在这个过程中，客户仍会遇到棘手的新问题需要交流沟通，需要协助甲方进行需求的挖掘和创意设计，提供全新的解决方案，这一过程就是持续的价值输出过程。总而言之，悠悠万事，唯此为大——价值输出！

## 技术引领：从满足条件到增值服务

在新质生产力引领的时代，增值服务作为一种营销理念并不新鲜，我们要探讨的是，增值服务应该在哪些领域和行业体现以及怎样提供增值服务。

招投标的要旨是投标人必须充分满足招标人的全部技术和商务诉求，投标人首先要做到全部满足无偏离，但这只是充分且必要的条件，不能叫增值。增值是在招标人提出的全部充分且必要的条件完全满足后，投标人还能有额外的付出和贡献。这既可以是整体上的，也可以是局部的或细节上的。从实操上说，招标人有接受增值服务的愿望，它要表现出对增值的兴趣，就需要在招标文件里明确“本项目允许正偏离”。看清楚了这一句，投标人才能把增值当作竞争的最大亮点加以呈现。

某些投标人为展现竞争优势，喜欢在投标文件里写“赠予”，就是将某些产品某些服务送给招标人不列入报价清单。请务必记住，“赠予”不同于“增值”，在招投标活动中，赠予不被允许而增值才是允许的。

大部分区域性的公司会经常性参加同一招标人的项目招标。一次又一次去见同一个客户，营销经理心里会想什么呢？是想这次怎么着也该轮到我公司中标了吧，还是想这次我们的技术方案替客户考虑了多少，有没有比对手更优的方案？如果只是想项目拿下来能挣多少利润，中标率可能不会高。若多从客户的立场出发，替业主考虑投入产出比，资金投入怎样才能有超值的回报，这样中标率反而会更高。我以为，少考虑从客户那里获得什么，多考虑能给客户带来什么；少考虑自我的赢利空间，多考虑客户的获得感；少考虑对手的竞争手段，多考虑优于对手的技术特长。这才是增值一词正确的含义。

**案例**

上海陆家嘴核心区一栋超高层现代化办公大楼的保洁服务，由两家公司共同服务了两年。在新一轮竞争性谈判时，双方都想把对方踢出局。这种竞争模式逼着两家服务商出绝招。A公司表示他们的保洁人员素质提升了，保洁员不再都是大妈级别的，而是三四十岁的优秀人才，且大都具有大专以上学历。这些条件已经超出了谈判文件的要求，让业主谈判专家们眼前一亮，觉得符合大楼高端大气的定位。A公司超出谈判条件的输出，就叫增值服务，其目的显然是针对B公司的。这个时候B公司怎么办？要么服输，要么也拿出独特的A公司没有的增值服务条件，供业主谈判小组进行综合评审。

案例中，本来谈判文件要求是中专以上学历，个别情况还可以放宽到高中，A公司主动提升到大部分保洁员大专以上学历。B公司唯有提供新的技术创新点，譬如以“科技助力保洁”的理念，打“智慧保洁”牌，再次超出业主预期，才会有赢局的机会。

值得注意的是，技术引领增值服务对供应商的意义不能简单理解为招标人想“多要”，投标人愿“多给”。真正的技术引领增值服务，是客户对服务品质与技术创新的强烈渴望，以及竞争对手“咄咄逼人”竞争手段。营销人一定要看到这样一种“形势不等人”的发展态势，并以此来倒逼公司创新突破，改进管理。

## 观念认同：从甲乙双方到场景共造

工程建设和服务行业，都有一个重要的特性，那就是与客户工作环境的融入性，工作场景的共同营造，这与产品销售区别明显。产品销售是结果交付，中标后按采购要求按时供货，质量达标，验收合格，付款完成，合同就“两清了”。工程和服务则不同，乙方是到甲方的地盘开展工作。比如政府房建施工项目，施工场所就是未来甲方的办公所在地，高速公路、跨海桥梁、拦河大坝、水利灌溉等大型工程建设，不是甲方的办公场所但必定是甲方的行政管辖场所，而甲方人员到施工现场检查进度、协商解决问题则是必不可少的环节，甲乙双方人员必定会见面交流，人不是机器，人与人的交往，带有个性和情绪，就会有印象好或坏的区别，就会有做事做人风格的认同与不认同。

场景共造的特性在服务类行业更为突出。比如餐饮、保洁、安保服务等项目，中标方派出服务人员到甲方指定的区域上班，有些乙方服务人员不知道自己公司总部在哪，对派驻单位的工作环境却熟门熟路。比如重要活动或办公场所的安保，分外保和内保，在内部关键区域都设有岗位，这些岗位是甲方的，但在岗位上执守的保安员是乙方派出的。由于与甲方生活在同一时空，其实他们不仅仅是负责安全防护，同时也事实上参与了共同的场景营造。我担任咨询顾问的山东华威保安集团就有一个真实的故事。作为来自外地的一家地方保安服务公司，要想长期为央企总部服务是很困难的，但他们为中国石化集团总部办公大楼服务了近十年，客户从未想过换掉他们，我去实地考察，向客户询问成功之道，得到的回答是：“只要与我们办公楼紧挨着的另外几栋楼的保安稍作比较就清楚了，隔壁也是重要国家部门和著名金融机构，可保安员在岗位上与人说闲话，而我们华威的保安员在岗位上仪容整洁、作风严谨，一丝不苟，成为办公大楼的一道风景。”

场景共造，作为施工类和服务类项目的显著特点，在企业管理中一般是划到营销结束后的项目管理中的。因为他们的工作职责就是履行合同约定，按计划实现项目目标，收回合同款。但与此同时，他们又对项目合同的续签和新项目的招投标起到至关重要的作用。所以，场景共造事实上是营销的一部分，应该纳入公司整体的营销管理。我去中建集团若干工程局培训，了解到他们大都在推行“大项目经理”概念，倡导“全员营销”。“大项目经理”就是从项目前端到客户对接、招投标全流程主导一直到项目履约验收，这也是在项目实施人员中贯彻“全员营销的”理念，而对参与场景共造的非专业营销人员来说，他们的营销责任不是去开发新客户，而是通过在项目履约中得到甲方认可来奠定新一轮招投标的中标基础。

总而言之，各类服务人员在现场的一言一行、一举一动绝非只是履行合同规定的义务，在场景共造中表现出来的个人形象，无论是温良的神情，礼貌的语言，还是主动的作风，让人感动的善举，客户都会看在眼时，记在心里。它已远远超越了合同服务条款的内涵，转变为对一个合作公司员工做事态度和做人品德的认同和欣赏，这种认同和欣赏的价值比公司任何书面和口头的承诺都要重要一万倍。履行好合同是义务，得到认同和欣赏则是美誉。俗话说：于细微处见精神，这才是真正的长久合作之道。没有做人做事的认同，就谈不上营销创新思维。

## 共同成长：从陌生路人到相伴相知

我有一个十多年前的学员，是四川成都市一家信息技术公司的营销总监。去年，我偶然在她的朋友圈里看到她写的一段话，记述她与客户打交道的心路历程，算得上是她的工作心得，值得向营销同行们分享。她写道：

> 我今天又去客户那里见丁主任了。是她打电话约我过去的。其实项目上进展平稳没有太多事需要处理，她约我也是因几个月不见了，总感觉生活中好像缺了点什么。

我们见面后不约而同聊起了当年我们刚认识的场景，那时我大学毕业来到这家公司的销售部，第一次单独出来见客户，见的就是眼前这位丁主任，她那时也是刚大学毕业，从事网络管理工作没多久。两个人都是初出茅庐有些青涩的女生，但因为都真诚且办事认真，谈得还算投机。

一晃十多年过去了，这些年项目合作断断续续，不管有没有项目做，我们大约隔半年就会见一见，谈谈彼此的近况，从婚姻家庭、时尚生活到育儿经，想到什么聊什么。这次见面时，她已提升为集团信息办主任，我感到她变化很明显。说话很亲切得体，很有干部的风范。我真的很替她高兴。她也说好久没见我，称赞我当了全省的销售负责人，说我成熟干练多了。

这十年真的没有白过，一路走来，项目在更新换代，而我们也沉淀下岁月的痕迹，成为可以交心的朋友。其实我在他们集团做的项目不算多，但我和她却见证了彼此的成长，这是我意想不到的收获。不用丁主任明说，我能感觉到，明年的项目采购，她依然愿意与我公司继续合作。这种感觉真是太舒服了。

岁月如歌，友情长存！

读完这段话，我也深受触动。能感受到客户与自己共同成长，那是一种美的享受。有哪一个客户不愿意与自己熟悉、投缘、信任的供应商合作呢？到了一定的默契程度以后，双方都会很有底气，尤其是业主方，摸准了供应商的禀性脾气，知道他们的服务能力和专业精神，乙方的服务人员可以直接安排。他可以放心、安心、舒心地完成好本职工作，这种快乐便是他从共同进步成长中得来的。

当从一次次投标，一个个项目中走过，回望这个过程，每一次的成败得失会退居次席，与客户交往中留下的生命印记却显得弥足珍贵。营销的过程，其实是营销人的成长过程和生命力的释放过程；项目实施的过程，更是生命力相互的投射过程。这个时候，你会觉得，项目是个人生命的记录，而客户，则是自己生命的一部分。

在这个过程中，生命的年轮，可以把一个小青年淬炼为营销管理精英直到公司高管。当初接触的那些客户，同样也在成长蜕变之中。刚开始接触到的可能是一般工作人员，即执行层，过了三五年甚或七八年后，他们大都成为中层管理人员了。虽然角色身份不同，一买一卖处于经济活动中的两极，但同样都是企业的中坚，都是从青涩的职场小白，变成老练持重，或许还有几分圆滑世故的职场精英。我经常讲一句话，什么是最高级的营销，就是让客户觉得与你相处很“舒服”，项目交给你做很“放心”。这样一种相伴相知的愉悦感是在共同成长的过程中培养出来的。

经常有学员愿和我谈心。有一次，宁夏一个做电力设备维护的学员小王给我分享她的一个心得。小王与一个国投公司的新客户在合作过程中出现了矛盾，心情很不舒畅，曾经非常想放弃这个客户。因客户增加了服务内容，要求小王公司派人 24 小时现场驻守，可原先招标文件里没有这样的要求，只说设备出现预警要及时赶到现场，项目经理便回绝了客户的要求。当小王去做项目例行回访时，分管的办公室章主任当着其他客人的面斥责了她一顿，章主任认为要做到彻底排除风险就得现场有人，与招标文件要求并不矛盾。关键是章主任说话尖酸刻薄，让小王觉得特别受委曲，便也委婉地顶了几句。这一下关系就僵住了。

小王回来给领导汇报了情况，内心很煎熬，不想再去见章主任。可冷静下来想一想，客户的要求也是为了核心设备运行万无一失，只不过说话难听而已。刚入职时公司老板曾说过，营销人最不值钱的就是“面子”，放下“面子”才能得到“里子”。还说：被客户骂不是坏事，不被客户骂反而要坏事。她之前没明白老板这话是什么意思，经过这个事后她觉得懂得了老板的言外之意，营销人其实是在客户的冷眼、轻视甚至责骂中成长起来的，当把这一切视为正常状态，当作一种工作经历时，营销人的心智才会真正成熟起来。

于是，小王便去找公司领导，表示她愿意再去面见章主任，协商一个双方都能接受的办法。当章主任见到小王带着新的建议方案过来，态度诚恳的介绍处理的办法，对她也是连连称赞。很快，双方便就补充协议达成了一致。

## 人品互鉴：从迎合讨好到人格影响

人品互鉴是指在与客户的交往接触中，营销人自然流露出来的禀赋、爱好、习性以及品格特征，吸引并影响到客户，同时，客户的为人处世也得到你发自内心的敬佩。与客户的交往，不是工作需要和利益驱使下的不得已而为之，而是真情的展现与人格的追求。与客户的交往，不再是巴结讨好而是平等互鉴。

一些初级的营销经理很醉心于销售技巧的学习和钻研，对一些所谓“销售话术”津津乐道，到了一定年龄、一定层级后便会懂得，营销主要不是靠技巧来完成的，背诵“销售话术”则显得俗套而多余。酒桌上的胡吹乱侃，对客户虚情假意的奉承赞美等，只能忽悠浅薄的人。当下，负责项目采购的管理者，个人修养与文化素质越来越高，营销人是真心实意还是虚与委蛇，他们一眼就会看穿，只是多数情况下人家“看破不说破”而已。所以，营销的境界一定是超越技巧的智慧和人品的呈现。行业有句话说：营销到了最后是人品的比拼。诚哉斯言！

某著名高校下属的信息工程类知名企业的营销总监赵总给我分享过这样一件事。

赵总当年负责某部委信息集成项目的营销工作，和对方部门主管领导有过几次接触，除了谈工作也聊聊天，因年龄相仿，聊到过家庭生活方面的情况。有一次，他突然接到这位领导的电话，说今晚有一个饭局，让他赶过来参加，给他引见、认识几位朋友。对赵总来说，这是求之不得的美事，便急忙赶过去，心里还是有点纳闷，领导为何对他这么好呢？饭局中，该领导说的一句话让赵总一直铭记在心，甚至影响到了他人生观。当时，领导向同桌介绍说：在座都是我小圈子里的朋友，我不轻易带外人进来，今天把这位赵总介绍给几位兄弟，不为别的，就因为赵总这个人孝顺。在我的圈子里，不管是官是商，不管官大官小，无孝之人不可进入。

领导说到这里，赵总立刻懂了。之前聊天时，他几次说过想把老家的父母接到北京来养老的事，父母退休后身体多病，作为独子的赵总远在北京工作，照顾不了老人，想把老人接到身边。可赶上北京房价飞涨的阶段，赵总不免流露出担忧。所谓说者无意，听者有心。领导正是贤孝之子，也正在为给父母在北京买房，感到二人想法相似，心灵相通。领导接着又说：我对赵总他们公司了解不多，但他的为人我很欣赏，感觉我们是一路人，所以愿意将他介绍给你们几位，以后有机会想着帮帮这位老弟。

赵总说当时眼泪就快下来了。他没想到不经意的闲聊，让领导对他如此看重。现在想来，就是发自本真的孝心感染了对方，产生了共鸣。这就是人品互鉴的体现。我一贯反对在客户那里伪装自己，假装卑谦，过分热情。与客户接触后，一个人的心性对方会看得清清楚楚。把最本真的品德表现出来，并得到对方的认可、欣赏和信任，不成功只是暂时的偶然的，成功才是长期的必然的。

温故知新

小练习

1. 多选题：企业迫切需要建立新质营销转型的创新思维，应主要聚焦于以下五个方面，即（　　）

A. 价值突破　B. 盲目投标　C. 技术先行　D. 观念认同

E. 共同成长　F. 人品互鉴

2. 判断题："项目决策的整体流程，项目方会分三个阶段进行管理，即项目前端、项目中端和项目后端。这也是营销人项目跟进的三个阶段。"你认为这句话是对的还是错误的？对的打"√"，错误的打"×"。（　　）

3. 思考题：企业的营销团队和客户经理建立三管齐下，两条腿走路，层级对应的营销新思维，在实际工作中如何做到"层级对应略高半级"，使你的营销策略更有效？

______________________________

______________________________

______________________________

# PART 3 | 第三章 |

# 全新阐释客户特性

本章金句

◎ 若与客户之间存在专业、修养、品质和精神上的代差，“隐性的圈层”就是挡在你面前的一道不可逾越的厚厚的高墙。

◎ 攻克第一单，如同破冰船驶入了北冰洋，迎头破开万年的冰层；拿下第一单，如同士兵们攻占了阵地上的至高点，插上胜利的红旗。

◎ 第一单的策略，要为达成目标而无所不用其极。

◎ “内定标”需甄别，营销人不可轻言放弃。

# 隐性的圈层

如何认知新质生产力时代客户的新特性，我给出的解答是“显性的身份与隐性的圈层”。

营销人眼里的“客户”，与处于项目立项、投资位置的“业主”，招投标交易中的主导者“招标人”，合同谈判签署与执行过程中的“甲方”，是同一身份在不同语境下的不同称谓，他们的工作身份是公开的显性的，很容易被捕捉并精准定位。但他们作为一个群体的工作状态、专业水准、心理需求、生活圈子乃至行事风格、禀赋心性等，我们又了解多少呢？我的看法是所知有限。尤其是他们在社会经济环境巨变下表现出来的新特性，更是知之甚少。对营销对象认知的表面化、程式化和错位化，是客户关系推进不力，营销工作成效欠佳的主因。

## 客户的构成

我们所说的客户主要由两类人构成：一是政府机关各部、办、委、局里负责需求提出、立项审批、预算划拨和采购招标的人员，它涉及有采购需求的所有政府机关部门；二是企业里面的主管部门，主要是投融资部、发展规划部、工程建设部、物资管理部、网络管理部（数据中心）、采购中心、招标管理办公室以及归口业务主管部门等。比如科技性项目，政府里面有数据局，各大企业集团有信息（数据）中心归口管理。若是后勤服务项目，则有办公室或后勤处归口管理。

无论是政府采购还是企业招标管理部门，都属于各单位的实权部门，因为他们可以决定项目的归属和资金的流向。从年轻人的人生规划和求职意向来看，在业主与供应商或者甲方与乙方之间做出选择的话，我相信 90% 以上的人会选择前者。

## 显性的身份

为什么说客户的身份是显性的、耀眼的？从挤破脑袋做甲方的现实就可知晓。

被称为“地球三大难”之一的国家公务员考试比例、重点国央企（是国有企业和中央企业的习惯性简要说法）的入职考试比例多年来一直居高不下，大学毕业生能考进这些单位的绝对是“学霸”级人物，能进入项目部、投资部、招标办、物资处、采购中心等核心部门的，则无疑是“学霸”中的“学霸”，而且还得是领导信任和依赖的人。

据《学宝教育公务员考试网》披露，“2022 年国考共有 75 个部门，23 个直属机构参加，共计招录 31242 人，比去年增加了 5516 人，报名人数也达到了史无前例的超 200 万人。”要知道参加考试的大都是名校毕业，有的已考了多次。

2022 年国考报名竞争最激烈十大职位（如表 3–1 所示）更是从另一个侧面验证了这一点。如表 3–1 所示，我们能了解到，热门职位的平均入职比例大约在 2000：1，这简直可以用“难于上青天”的“蜀道难”来形容，而考上后又要经过几年的锻炼，才能有极少数的人进入到项目管理和采招部门。由此可知，当今政府采购和企业投资方的项目骨干人员是什么样的一种存在，竞相追逐，优中选优，万众瞩目，使处于项目生态链最顶端的他们，在综合素质上开始走向社会的最前沿。在甲乙双方共存的市场交易生态里，甲方是发标人，是拥有决定权的一方；乙方是应标人，是被选择的一方。作为权力的拥有者，甲方的显耀几乎是与生俱来的。在商业形态上，甲方是响当当的金字招牌；在市场竞争中，甲方是乙方追逐的目标。做一回甲方，甚至是许多营销人难以企及的梦想。

**表 3-1　2022 年国考报名竞争最激烈十大职位**

| 招录机关 | 用人司局 | 招考职位 | 职位代码 | 招考人数 | 过审人数 | 竞争比例 |
|---|---|---|---|---|---|---|
| 西藏自治区邮政管理局 | 阿里地区邮政管理局 | 一级主任科员及以下 | 300110008001 | 1 | 20813 | 20813 :1 |
| 全国总工会 | 中国机械冶金建材工会 | 办公室一级主任科员及以下 | 100110012001 | 1 | 4409 | 4409 :1 |
| 国家税务总局四川省税务局 | 国家税务总局得荣县税务局 | 一级行政执法员（二） | 300110184002 | 1 | 3121 | 3121 :1 |
| 国家知识产权局 | 商标局 | 国际注册部门一级主任科员及以下 | 400110002002 | 1 | 2274 | 2274 :1 |
| 国家文物局 | 革命文物司 | 保护管理处一级主任科员及以下 | 200110005001 | 1 | 2013 | 2013 :1 |
| 国家税务总局广东省税务局 | 国家税务总局广州市天河区税务局 | 一级行政执法员（十七） | 300129004004 | 1 | 1889 | 1889 :1 |
| 国家税务总局河南省税务局 | 国家税务总局郑州航空港实验区税务局第一税务分局 | 一级行政执法员（四） | 300110017004 | 1 | 1579 | 1579 :1 |
| 水利部黄河水利委员会 | 郑州黄河河务局惠金黄河河务局 | 工程管理科一级主任科员及以下 | 400110307001 | 1 | 1484 | 1484 :1 |
| 国家税务总局四川省税务局 | 国家税务总局石渠县税务局 | 一级行政执法员（三） | 300110178003 | 1 | 1473 | 1473 :1 |
| 国家税务总局陕西省税务局 | 国家税务总局西咸新区空港新城税务局 | 一级行政执法员（二） | 300110126004 | 2 | 2834 | 1417 :1 |

（来源：学宝教育公务员考试网）

客户显性的身份最主要特性在于，招投标公开性的制度安排，使得招标人一切应该公开的活动都必须在阳光下进行，不得对投标人隐瞒。项目计划一旦发布，项目名称、业主名称、投资预算等核心信息便召告天下，人所共知，招标人想低调都低调不了，重庆市巴南区住房和城乡建设委员会便是这样的案例（如图 3–1 所示）。

**重庆市工程建设项目招标计划表**

<table>
<tr><td>项目名称</td><td colspan="8">巴南区城区易涝点整治工程（一期）监理</td></tr>
<tr><td>招标法人或招标人名称（盖章）</td><td colspan="8">重庆市巴南区住房和城乡建设委员会（项目业主）、重庆巴洲大健康产业发展集团有限公司（代建业主）</td></tr>
<tr><td>项目批准文件及文号</td><td colspan="8"></td></tr>
<tr><td>主要建设内容</td><td colspan="8">1)雨水管网建设与改造工程，针对巴南区城区易涝点的雨污水管网进行新建及改建，新改建雨水管网约31.60公里，管径DN400~DN1600，新改建雨水检查井约1300个，增设雨水篦子、修复管网结构功能性缺陷约3920处；道路开挖恢复60余处，景观绿化恢复40处 2)泵站更新改造工程：针对巴南区城区雨水泵站老旧损坏和排水能力不足等情况，更新改造雨水泵站约6座；3)智慧排水(雨水)建设工程：增加易涝积水点智能化终端感知设备30套。</td></tr>
<tr><td rowspan="2">招标项目</td><td>序号</td><td>招标项目名称</td><td>招标内容</td><td>招标方式</td><td>招标文件计划发布时间</td><td>拟交易场所</td><td>合同预估金额(万元)</td><td>备注</td></tr>
<tr><td>1</td><td>巴南区城区易涝点整治工程（一期）监理</td><td>项目施工准备阶段、施工阶段直至缺陷责任期的全过程监理，包括：“三控制、两管理、一协调、一履职”，即：工程质量控制、工程造价控制、工程进度控制、履行建设工程安全生产管理法定的监理职责、合同管理、信息管理和对工程建设相关方的关系进行协调等相关内容的监理。其范围包含但不仅限于：施工图（含变更、补充设计）所示范围内的全部施工作业及其交竣工验收、结算(含结算审计)、缺陷责任期的全过程监理服务。</td><td>公开招标</td><td>2024-12</td><td>重庆市公共资源交易中心</td><td>110.37</td><td></td></tr>
<tr><td>备注</td><td colspan="8">本计划表所列招标项目信息均为暂定，最终以实际招标时的信息为准</td></tr>
</table>

（来源：全国公共资源交易平台重庆市公共资源交易网）

图 3–1　重庆市工程建设项目招标计划表截图

招标计划刚一出台，还没等招标公告发布，项目名称“巴南区城区易涝点整治工程（一期）监理”，招标法人即项目业主“重庆市巴南区住房和城乡建设委员会”以及代建业主“重庆巴洲大健康产业发展集团有限公司”等信息借助网络的传播，瞬间便为世人所知。尽管这只是一个地区性的小型工程监理服务项目，但在全国统一大市场的背景下，全国任何区域的监理公司都有参与竞标的资格，且招标人不得设置对外地监理公司参与竞标不公正的条款。外地监理公司会不会参与呢？随着制度的完善，只会越来越多。与此同时，全国各地哪些工程监理公司注意到了本项目信息，哪些公司有参与竞标的意向？哪些公司下载了标书？这些信息受招标平台规则的制约，招标人并不完全知情。在这个阶段，招标人是显性的公开的存在，而跃跃欲试的投标人却处于潜伏的状态中。这类地方性项目或许全国性的关注度不会很高，那么国家级单位发布、采购数额较大的项目，一旦公告出来，同类企业闻风而动，激烈角逐，招标人便会被推上风口浪尖。招标单位的名称公布后，即使是之前未曾联络的投标人，想获得招标单位相关人员的个人信息，也是完全做得到的，其显性特征显露无遗（如图 3–2、3–3 所示）。

$KZ_{70}$型铁路货车采购项目招标公告

（招标编号：2020THZC-1-KZ70）

一、招标项目概况

受中国国家铁路集团有限公司委托，国铁物资有限公司作为招标代理机构，现就$KZ_{70}$型铁路货车采购项目进行公开招标，采购资金已经落实。

二、招标铁路货车名称和数量

铁路货车名称：$KZ_{70}$型石砟漏斗车。

数量：40辆。

（来源：国铁采购平台）

图 3–2　KZ70 型铁路货车采购项目招标公告截图

**大兴国际机场商务综合体项目EPC工程总承包招标公告**

**1. 招标条件**

本招标项目大兴国际机场商务综合体项目EPC工程总承包已由北京大兴国际机场临空经济区（廊坊）公共服务局以廊临公服投资备【2024】78 号批准建设，项目业主为河北临空集团有限公司，建设资金来自企业自筹，项目出资比例为100%，招标人为河北临空集团有限公司。项目已具备招标条件，现对该项目的设计施工总承包进行公开招标。

**2. 项目概况与招标范围**

2.1项目概况：项目占地31.9亩，总建筑面积约103630平方米，主要建设1栋9层五星级酒店，1栋9层四星级酒店及轻奢酒店，一栋9层酒店式公寓，一栋9层5A级写字楼。地下室包括非标影院，健身中心，篮球场、停车场及配套设施等，建成后由相关企业入驻运营。工程地点为：河北省廊坊市临空经济区，东临天兴四街，南接苑景西三路，西靠天兴五街，北依机场大道。建设期：工期870日历天，其中设计周期60日历天；施工工期810日历天，工期总日历天数与实际开、竣工日期计算的工期天数不一致的，以工期总日历天数为准。（因响应大气治理、职能部门检查、政策性停工等引起的工期延误,经发包人确认后工期顺延。备注：响应大气治理因素造成工期顺延的情形需以地方政府的政策文件为准，否则不予认可，由EPC工程总承包自行承担风险)(以监理单位或发包人下发的开工文件为工期计算依据，竣工日期根据工期总日历天数计算。）。质量要求：设计要求的质量标准：满足现行设计规范的要求，并通过相关部门的综合审查、验收，施工要求的质量标准：合格。投标报价上限：人民币85372.31万元（大写：捌亿伍仟叁佰柒拾贰万叁仟壹佰元整）

？？2.2招标范围：本项目的EPC总承包，在提供经过审核后的地勘数据基础上包括不限于完成本项目施工图设计所需的资料搜集和本项目的初步设计（如需)、施工图设计（包括与外部大市政连接部分设计）、BIM服务、配合审图、图纸技术交底、设计驻场服务、竣工图、联络变更及相关配合服务，工程施工(包括红线内小市政和外部大市政连接的所有工程内容)至工程竣工验收，完成并配合发包人接受相关部门结(决)算审计、参与竣工验收，质量保证期内的缺陷性修复或特殊情况处理、变更等。

（来源：全国公共资源交易平台）

图 3–3　大兴国际机场商务综合体项目 EPC 工程总承包公告截图

如图 3–2 所示，一次性采购 KZ70 型的 40 辆石砟漏斗车，显然后续还有采购其他型号的工程车的需求，在工程设备采购项目类算得上大型项目了，且发包方是声名赫赫的国家铁路集团公司，代理公司则是专做铁路物资采购招标的国铁物资有限公司，对全国工程车制造厂商来说，这样高端客户的项目没有不奋力一搏的理由。可以想见的是，在项目招标前，接触到招标方的相关人员，获取更多的客户信息，是制造商和代理商梦寐以求的最大心愿。

如图 3–3 所示，大兴国际机场商务综合体项目 EPC 工程总承包，由河北临空集团公司立项招标，最高限价八亿五千多万元。这是冠绝全球的单体最大最现代化的机场，能在这里有 EPC 项目的成功案例，其品牌宣传价值无以伦比，到世界任何地方去投标都是无须多言的最好口碑。项目价值越大，客户的地位越高。尽管客户负责人的名单不会公布，但用心的营销人是不难提前获取的。

## 保密的要求

依照招投标制度规定，公开招标项目的相关信息要公开化，但招标人的工作过程要隐蔽化。我们往往注意到客户群体“显性的身份”，却忽视探究他们工作性质上隐蔽性的另一面。

招标人工作性质的隐蔽性从专业上讲就是具有保密的要求。从立项论证、需求设计、资金筹措开始一直到中标结果公示，招投标全流程工作内容与工作方式，若干环节依法属于严格保密的范畴，如评标专家产生与评标过程需要严格保密，即使业主也不知晓。评标专家对投标人提供的材料，同一项目参与竞标的公司名单，各公司的报价情况等同样需要对无关人员保密，这些环节的信息泄露是严重的违法行为。通常招标文件里会写上这一条，将保密项告之给了相关各方：

从开标之日起，到确定中标方为止，凡是属于审查、澄清、评价和比较投标的有关资料以及授标意向等，均不得向投标人或其他无关的人员透露。

其他非国家法定保密的工作环节，招标人认为不适宜公开的，可以自行拟定保密规定。例如某著名企业集团的内部文件是这样规定的：

“招标信息保密规定：1. 在招标、评标、定标的过程中，除各招标采购相关人员外，其他人无权查看有关标书等的任何信息，所有与招标采购工作相关的人员不得私自向非授权人员透露投标信息；2. 在招标采购过程中，所有与招标采购工作相关的人员不得私自向非授权人透露有关招标采购的信息，更不得引导投标单位如何中标；3. 在定标过程中，所有与招标采购工作相关的人员不得向他人透露意向定标供应商等的任何定标信息。”

在关于合同管理的规定中，同样做出了明确的保密要求：

“合同信息保密规定：1. 合同信息包括合同文本，特别是物资价格、运输价格、技术标准要求，还包括物资所对应的型号、规格、数量等信息；2. 合同价格信息除采购、成本人员及相关负责人外，其他人无权查看，如遇特殊情况需报总经理审批。”

这份企业管理的内部文件进一步印证了隐蔽性是招标人最突出的工作特性。营销人通常说的项目敏感期，就是指从招标公告到中标公示这个时期，这是决定项目归属的关键时期，在这个阶段招标人一定会谨言慎行，回避投标人的任何私下邀约。他们心里比投标人更清楚的是，在背后会有看不见的眼睛在盯着他们。

客户的隐性化因其工作特性而产生，受规则制约而强化，使这一隐性的圈层抹上了神秘的色彩。除了工作本身所具有的保密性和隐蔽性外，客户作为特殊的权力阶层，他们的处世态度和生活方式也具有隐蔽性特点。

## 特定的圈层

人是圈子的产物，每个社会人都生活在特定的圈子里，脱离圈子存在的人是“幽灵”。客户作为既“显”又“隐”的特殊群体，其“隐性的圈层”包含有两重含义：一是多岗位多部门形成的闭环状的工作圈子；二是客户的亲人、朋友、同学、同事等构成的社会圈子。这些圈子相互作用便形成了一个特定的圈层。这一特殊群体正悄悄形成区别于其他“圈层”人群的特质。

尽管众多客户的思想水平、性格特征、心理状态千差万别，但他们的共同属性也是可感知、可捕捉、可追溯、可印证的：他们肩上有责，手里有权；他们受人尊重，也被人围猎；他们必须接受监督，也会担心违规越界；他们生活无忧，但还到达不了财富的顶端；他们乐意享受人生，却又缺少闲暇时间……这种共同属性使他们天然的具有亲近感和默契度，有更多的共同语言共聊话题，最后，便会使其“三观”打上“圈层”烙印。

如果说中国社会正在崛起一个所谓中产阶层的话，客户，这个与权力和荣耀相关联的“圈层”或许是“中产阶层”隐藏性的中坚力量。他们正在改变着自己，同时也在改变着整个中国项目交易市场的面貌，改变着招投标生态圈的走向。对营销人来说，与客户保持工作联系，或者私下单独接触都不难做到，但客户不会轻易让你走进工作之外的个人生活空间，不会轻易带你进入他的朋友圈、亲人圈。

那么，“隐性的圈层”成员生活中会具有哪些个性化的表现？下面略作提示（如表 3–2 所示），读者诸君完全可以在此基础上引申出自己更多的结论。

表 3–2 “隐性的圈层”生活个性对照表

| 工作状态 | 生活习性 |
| --- | --- |
| 对国家政策极其敏感 | 抽烟、喝酒、玩牌等不良癖好 |
| 担心自己做的项目审计检查时不过关 | 朋友微信群里一般只看不发言 |
| 会为检查提前想好说辞 | 大都不会注册抖音、头条号 |
| 会通过察言观色揣摩领导意图 | 闲时爱看书 |
| 行事低调 | 社交平台上只点赞不说话 |
| 不会主动和供应商谈个人私事 | 特别信任的人才一起吃饭 |
| 有遇事做记录留凭据的习惯 | 喜爱音乐、书画、摄影 |
| 工作上的事不发朋友圈 | 健身房里的常客 |

## 专业的精进

客户群体越来越隐性化和圈子化，认知他们的属性首先要从专业上入手。当前，客户最显著的改变是他们的政策法规意识和专业水平正在突飞猛进的提高，这非常符合中国国情下的“中产圈层”的特征。

从本书上一章分析过的三层二线及监督机制可知，合规性在招标人心目中的份量越来越重。客户为了暗中力保某公司中标去明显违规操作，这种事情之前确实有，从今往后只会越来越少。只有在规则上没有漏洞，在专业上绝对安全的前提下，客户才可能对友好的企业伸出援手。

专业的精进，主要体现在以下两个方面：

**一是考核不过要下岗。**如招标代理公司必须参加培训，通过考核，才能从事政府采购的业务，否则代理公司根本就进不了各级政府公共资源交易中心的资源库，没有从事政府项目的招标代理资格。因而他们都很注重政府采购和招投标的法律法规学习，对地方政府制订的政策，基本上也能做到了如指掌，如数家珍。表现出较强的法规意识和专业水准。

**二是处罚严厉得不偿失。**与国家强力反腐保持一致，招投标领域的违法违纪问题处罚越来越严格。项目审计出了问题，参与其中的人员会被处分。代理公司也会被从资源库中除名。评标专家若不按招标文件的评分标准评审标书，轻则通报处罚，严重的要负刑责。在这样的背景下，招标人自会掂量得失，因项目上的法律漏洞和专业知识错误而失去事业前途，这绝不是聪明人的选择。

总之，客户专业技能和政策法规意识的快速提升，给营销人提出了严峻的挑战。今天，客户关系营销的重点早已从人情世故的拿捏转型为规则的应用和专业的渗透，如果营销人在这方面知识储备不足，不能带给客户策略上和技术上的启迪，客户关系将难以突破。

# 中产的标志

客户群体的中产特性，表现为他们在文化修养、生活品质和精神追求上的与众不同。相比底层发迹者的张扬与炫富，客户群体更看重低调、小资、私密性的生活方式。相比投标人背负的生存压力，他们更有时间和心境追求高品位的精神生活。关注这一特性并做到与之同频共振，是与客户密切私人关系最主要的通路。

## 文化享受

社会的整体进步，国家对“文化自信”的推崇和引导，以及全民“文化热”，带动了人们文化段位的上升。在中华文化全面复兴的今天，相对来说最有条件、有心境享受文化大餐的人，正是处于项目链顶端的业主们。

业主没有商业大佬们那么多利益纠缠，没有中小企业经营者那么多生存忧虑，他们有充足的理由享受文化的饕餮盛宴。尽管他们的工作强度有时也很大，但由于无后顾之忧，有足够的消费能力，便可以在工作之余尽情地享受人生之美，文化之愉，文化对他们不仅是雅趣，也是缓解压力的方式。如果说投标人不得不更多关注“眼前的苟且”的话，那招标人则有足够的条件满心欢喜着“诗与远方”。琴棋书画、诗酒花茶、历史掌故等文化营养滋养起圈层里的人们，这或许是营销人如今与客户见面与十年前二十年前特别不一样的地方。即便约了客户出来喝茶聊天，结果你和往常一样只会讲“段子“，完全让客户感受不到你身上自然散发的文化气息，谈话内容毫无知识营养，也很难聊得下去。

## 生活品质

文化修养提升必然带来生活品质的提高。在“中产人士”心中，悠悠万事，何事最大？生活品质也。以前总有营销经理将客户视为“贪心”的代名词，营销的套路总是围绕着所谓“潜规则”即利益交易展开，有些客户因此被拉下水。这种营销套路为何行不通了？一方面是因为国家反腐败力度的加强，客户心有“戒尺”；另一方面是对客户的心理需求把握不准。因为在物质基础丰裕之后，生活品质的提升逐步成为人们最大的心愿。

我有个学员是一位老板，他和我聊天时很豪气地说，销售极其简单，就要敢于拿钱砸，竞争对手花五千元请客户吃一顿，我花一万元，我就不信项目不给我做。我问他，靠这一招你拿下了多少大客户呢？他回答说：“我做的都是些边边角角的小单子，大项目大客户我接触不上。”

他最后这句话说到了问题的实质，为什么接触不上大客户？不是舍不得花钱，是文化层次不够，是生活品质够不上客户的圈层。有的客户职位升高的同时，血压血脂血糖也在升高，大晚上被你好酒好肉的伺候，可能酒还没喝完，人就要送医院了。本来可能中标的项目，结果“偷鸡不成倒蚀一把米”。

## 精神追求

“中产人士”享受人生，有明显的精神追求的趋势。人们渴望精神生活，向往高雅的情趣。物质与精神是一个复杂的多面体，要看到问题的不同侧面。近代西方社会物质发达，却并没有带来精神富足，流行颓废主义、末日情绪。所以要想与客户建立长期伙伴式的关系，没有精神层面的平等对话与交流是办不到的。如果与客户在精神层面有了共鸣，项目上的事就不用多谈了，一切尽在不言中。

当营销人对“隐性的圈层”有了全新的认知，便会知晓营销的奥秘在于“入圈”，营销的转型是向内而不是向外。向内，就是提升自我，在专业技术、政策法规、文化修养、生活品质和精神追求上，尽可能与客户保持同步，为进入“隐性的圈层”修练内功。若与客户之间存在专业、修养、品质和精神上的代差，“隐性的圈层”就是挡在你面前的一道不可逾越的厚厚的高墙，就是安上了电门的铁丝网，就是高速公路上的防护栏。这种情况下，无论付出怎样的艰苦努力都是白废功夫。由此可知，营销的过程本质上是一个自我提升的过程，一个不断丰富完善自我的过程。

# 战略的考量

我已经论述了新质生产力时代客户的新特性。在此，我要进一步指出，并非对所有的客户都要一视同仁。精准识别客户，成功锁定战略客户，并从战略客户那里得到我们想要的一切，才是客户认知转型的要义。

## 战略考量案例说明

**案例** 位于湖北武汉东湖高新技术产业开发区的数据服务公司H公司，在占领华中市场后，开始按公司的营销战略，层层向西北推进。他们对从东中部往西部推进的重要桥头堡——陕西市场，觊觎已久。这么大一个省，连一般性政企机构的数据服务业务也没有一单，的确让H公司有些焦虑。公司总部就给陕西分公司营销总经理姚总下达任务，要他想办法在寻求突破，然后以点带面打开陕西省的全省市场。

姚总下面的销售经理小侯通过大学同学的关系与省某运营商对接上了资源，是数据业务部的一个姓戴的主管，戴老师向他介绍了一个新近要上的项目。项目特性是在主系统上独立出来一个模块，计划与外面公司合作做成可以独立销售的自主产品，因属于试验性、探索性的项目，公司对市场前景没有底，不敢投太多钱，但技术开发有一定难度，基础性的架构设计得自己完成，代码编写量特别大，产品完成后还有检测服务等许多要做的工作。戴老师介绍说，之前常年与他们合作的好几家公司都有合作意向，当地政府下属的大数据服务公司也有意参与。

小侯回来给姚总做了情况汇报，表示对项目兴趣不大，原因有三：一是项目研发难度大，我们得抽出来好几个技术骨干参与；二是业主的资金预算有限，即使做下来不一定有利润，或许还要贴钱；三是之前与业主长期合作的对手公司大都会参与竞标，我方没有比较优势，中标概率也低。姚总听完汇报后却喜形于色，得出了相反的结论。他表示，此项目不仅不能放弃，还要加大营销工作力度，全力以赴参与竞标。

姚总是一个雷厉风行的人，立马做了如下安排和行动：一是让小侯想方设法，与这个项目主管戴老师保持良好的关系，他是项目的实际参与人员，在产品设计思路上应该有相当大的话语权，毕竟有老同学在中间搭桥，能创造更多接触交流机会，目标是把他发展成“线人”；二是让小侯与戴老师联系，看能否约个时间，姚总亲自去拜访下他们数据部的负责人；三是瞅准时机，当该省某运营商总部在北京召开高层会议时，邀约该运营商总经理面聊一次（H公司有华中地区若干通信运营商的长期合作经历，这种邀约资源是不成问题的）；四是与该运营商总经理等领导对接后，姚总又带着小侯和工开发工程师专程与数据部的几位负责人一起开了技术讨论会，得到了技术团队全力参与项目研发的表态。

小侯按要求推进客户关系，他知道戴老师爱踢球，公司附近正好有一个球场。于是，每周六下午，他都过去和戴老师一起踢球。但他心里还是觉得小题大作了，费这大的劲做这项目，中标又怎么样？没有利润，牵扯的精力还特别大。

姚总看得出小侯的顾虑，特地把他叫到办公室，给他分析了自己的想法和安排。他说：

“第一，项目研发难度大，正好磨炼公司的研发团队，公司新近的一批人技术小白眼高手低，用客户的项目练手，比在公司盲目搭建框架强。

“第二，预算有限，我公司不利，那是不是比我们有优势的对手公司同样不利呢？他们在这里深耕多年，做了好多利润高的项目，这个项目钱少事多，他们很大的可能不想投入太多精力，有可能参与应付一下，未必有势在必得的决心。

“第三，市场前景问题，因客户是地区的通信运营商，角色身份更多的是甲方，他们自己开发市场的经验和能力肯定不及我公司，因而会影响到他们对产品生命力的专业判断，而这恰好是我们的优势。

“第四，最重要的是，陕西是我公司的市场空白区，这个项目若中了，就是零的突破，标志我公司正式进入西北市场，下一步的向陕西全省各行业推进就有了一个示范和标杆。不再像以前公司参与投标时，只能用公司在华中几个省的业绩，尽管招标规则不允许限制外地业绩参与投标，但毕竟在业主心目中的地位会受损，谁会真正相信一家未在当地做过项目的公司？

“第五，做好项目亏一点的心理准备，力争保本。但未来产品测试通过后的销售，我公司还可以分得一部分利润。更重要的，我们要的是通讯行业这个有持续性刚性需求的巨大市场。在信息服务这个赛道，一个省的份额有些竞对已经做到了年销售二十几个亿，后续向政企多方向延伸空间太大了。我们可以把它当作成功案例推送到整个西北市场。一个项目的重要性除了本身的利润外，要重点考虑项目有没有示范效应，能不能举一反三，以点带面。”

听完姚总的一番高论，小侯彻底服了，难怪姚总年级轻轻就当了领导，确实比自己站得高，看得远。之前只想到这一单的亏赢，是自己的格局没打开。他开始变得特别想中这个标，担心项目拿不下来。

姚总接着说：

“确实我们在竞争中是没有优势的，毕竟与客户没合作过，客户不了解我们。这是我为何要说服总经理，请他亲自出马的原因。刚开始总经理也觉得这个小事，没必要他亲自跑一趟。当我把项目背景及战略意义给他汇报后，他当即表示支持。这既是给客户高层的面子，也能表示出我们对项目的高度重视。我的目的是要让客户相信我们对项目的重视程度是远远高于对手公司的，以此提升客户的信任度。通过高层对高层的攻关，会为项目中标铺平道路。”

听到这里，小侯感觉上了一堂生动的营销战略思维课。没想到姚总还有话说，他说：

“若按照公司项目管理的规定，这个项目会因为利润问题排不上优质项目，那在公司的资源调配上会大打折扣，想要调动最好的研发团队，明摆着不可能，这也是他想方设法请总经理出面的‘小心思’。总经理亲自抓的项目，项目管理团队会在政策上、人员配置上、资金使用上、投标准备上等各方面给予充足的保障。”

小侯只觉醍醐灌顶，对姚总真是刮目相看。难怪公司派他到陕西来拓展新市场，确实有思路有方法。他心想，姚总给我掏心掏肺，得铭记于心。之前只考虑到眼前的个人利益了，没想到这样持续刚需的战略大客户，后面的项目会源源不断。戴老师曾和他提到过，明年数据部的系统、设备、维护服务采购计划快要下来了，每个月都要开几次标，有一半项目公司是满足投标人资格条件的，下次再投标时，就会大不一样，不仅戴老师这个层级的执行层人员关系不错，高层领导的关系也疏通了。有了第一单后，为以后投标打下了特别重要的案例基础，这是必不可少的加分项。没错，具有战略价值的项目，应着眼长远，竭尽全力，上下齐动，确保中标。

H公司的故事让我们思考一个问题：公司快速发展靠什么？不是靠一般性的普通客户，那最多只能解决一下眼前的温饱，公司要想员工过上富裕的生活，得靠价值巨大的战略性客户。要从战略客户身上赚取利润，提升价值，获得持续发展的动能。这需要我们对客户管理由粗放型向精细化转型。

## 客户分类管理精要

客户分类管理是营销管理向精细化转型的第一步。其基本方略是将客户分为四种类型，即：战略客户、重点客户、一般客户、劣质客户。针对四种不同类型的客户，要从项目目标、营销策略及客户关系等方面进行分类管理。

**（1）战略客户。**

战略客户是指在公司发展中不可或缺、在公司客户定位中居于最高地位、在客户关系维护中处于最高级别、在项目竞争中要倾尽全力确保中标的客户。战略客户是公司利润的主要来源，公司形象的重要标识，公司技术能力的重要依托。长期合作的客户中的一部分属于战略客户，刚刚开发还没形成实质性合作的潜在客户，若符合前述的条件，同样应该视为战略性客户。

纳入战略客户类型的项目，其招投标目标就是要配备最强战斗力的团队，配置最优资源保障以确保中标，营销策略是要做到全方位控标，客户关系上三层次都要尽力达到交心的程度。即使是初次参与竞标的项目也同样如此，标准也不能降低。

**（2）重点客户。**

重点客户在公司发展中的地位略低于战略客户，但对公司发展依然有重要地位，不可有任何轻慢的客户称之为重点客户。它是指在公司发展中不可或缺、在公司客户定位中居于次高地位、在客户关系维护中处于次高级别、在项目竞争中要全力争胜的客户。

重点客户的项目，其招投标目标就是要力争中标，营销策略是要做到全力跟标和尽力控标，客户关系上要深入到私交程度。无论新老客户，同样如是。

**（3）一般客户。**

除去前述定位为战略客户和重点客户的，余下应归为一般客户。它们仍然是公司客户类型里面的重要组成部分，其中一部分在未来有可能向重点客户和战略客户转型。这类客户的项目目标是争取中标，营销策略是要做到寻标到位，判断精准，对项目本身的信息掌握全面，并进行可行性分析和风险识别，客户关系要做到基本的交往。

面对一般客户，争取中标的项目争取点在哪里？那就是标书。当你没有资源可以利用，对客户背景所知甚少甚或完全不了解，那说明项目的走势不在自己的掌控之中，这个时候应该尽人事，听天命。做好自己该做的一切，确保标书编制尽善尽美，不出差错，然后等待机会的出现。

此类项目，于自己是一般客户，于对手很可能是重点客户或者战略客户，对方的人脉关系会比较深，客户很大可能在帮你的竞争对手，中标概率是不会太高的，这样的项目要不要参与竞标？还是直接放弃？我的看法是，不放弃。尤其是到一个新开发的区域市场去做项目的时候，当地公司与当地客户之间会有盘根错节的关系，项目基本上被当地公司包打天下。这个时候作为一个新进入者，跟客户没有任何感情交流，如何争取中标？靠公司的硬实力和远超对手的标书制作。如果投标文件能做到无懈可击，报价恰到好处，评标时得分排名靠前，而对手因为与客户关系太好，之前轻松中标，进而导致放松警惕，对项目的重视程度和认真态度下降，以至于粗心大意犯下简单化的错误，出现意外被废标的情况，于是我方获得逆袭中标的机会。此类案例，是不胜枚举的。因而一般性客户的项目应标，中标的机会在于做好自己，等待对手犯错。

**（4）劣质客户。**

劣质客户分两类，一类是业务方向不一致，几乎没有中标概率的项目，本就不应该去投标，纯粹是浪费时间；另一类是曾经或正在合作但信誉极差还总想在中标人身上揩油的个别客户，趁早远离才是正道。此不赘言。

以上四种类型的客户针对不同项目的应对策略如表 3–3 所示。

**表 3–3　四种类型的客户应对策略表**

| 客户类型 | 资源保障 | 投标目标 | 营销策略 | 客户关系 |
| --- | --- | --- | --- | --- |
| 战略客户 | 最高级 | 确保中标 | 控标 | 交心 |
| 重点客户 | 次高级 | 力争中标 | 跟标 | 交情 |
| 一般客户 | 一般级 | 争取中标 | 寻标 | 交往 |
| 劣质客户 | 没有级 | 放弃竞标 | 弃标 | 无交 |

我经常给中小企业提议：一定要建立自己的“战略性客户识别系统”，因为 80% 的利润是来自只占 20% 的战略客户和重点客户。遗憾的是，相当一部分企业对此重视不够，缺少精准的大客户识别系统，到底哪些客户应该纳入 20% 的小范围，许多公司是很模糊的。下面，我为大家进一步分析，希望有需求的企业在此基础上，针对公司的特性，制订出“战略性大客户识别系统”并导入公司的管理应用平台。

## 刚性需求持续性

战略客户的首要标志就是有持续的刚性需求，能够不间断地连续合作，源源不断地获得利润来源。相对工程建筑项目周期性、间隔性的特点，产品和服务类项目，业主的需求是持续不间断的，与战略客户深度捆绑、长期合作是该类项目营销的最高目标与追求。

例如政府主导监管下的社会保险，其项目性质属于政府用公开招标的方式向社会购买服务。这是政府职能部门如医保局、农业局、教育局履职的需要，是法定的行为，具有需求刚性且持续不断的显著特征。

中国的保险行业，具有政府背景的保险业务，以及大型企业集团的定向险种业务，业内统称为政企团险业务，项目会年复一年地进行下去，保险责任和义务持续存在。保险公司要承接这些具有稳定利润来源的项目，就得参加招投标竞争。以甘肃省卫健系统面向全社会的大病医保项目为例，由哪个或者哪几个保险公司来承保呢？医保局会委托招标代理公司，在政府公共资源交易中心的电子平台上进行公开招标，凡是具有医保资格的保险机构，如中国人保、平安保险、太平洋保险、中华保险等，都是潜在供应商或者投标人。这种类型的社会服务项目，相关机构与中标的保险服务机构签署一定年限的合同，到期重新招标，若仍是原服务的保险机构中标，则再次续签合同；若换成其他保险公司中标，则重新签合同，新中标的公司接手原公司的全部业务，继续履行保险责任。显然，对任何一家保险公司来说，牢牢占据已有市场，每期招标都能中标，持续合作下去是最大的期盼。这样的战略客户，其战略价值无论如何估算都不过分。

还有一类客户的需求也是刚性的，但不是持续不间断的。比方各类机关和企事业单位数据网络中心要购买网络设备，这是刚性需求，但在批量购买设备，系统搭建完成后，不会持续大批采购网络设备。在之后的若干年内，后续采购只会是零星的，小批量的。可见，货物采购的特性往往是刚性而非持续的。

刚性非持续项目采购的业主算不算战略客户？这也得分行业来看。从事耐用品行业的企业，如办公家具，为写字楼配备办公桌椅，尽管属于刚性需求，但持续购买的机率太低，这样的客户可以算作重点客户，作战略客户运营管理就不太合适了。

## 市场效应“第一单”

工程建设行业的项目，一单结束告一段落，不具有持续性的特征。政府机关盖办公大楼，不可能一栋接一栋不停地盖下去；一座大跨度桥梁工程完工，几乎是一劳永逸的。此类客户要么具有一定时间的间歇期，要么仅此一单，后续再无项目合作机会。这类客户算不算战略客户呢？如果这一项目是我公司在某领域拿下的第一单，或者项目是某种新技术新科研成果的率先使用，对公司业务具有开拓性和示范性，那就应该把他们归入战略客户一类。

新市场拓展的战略价值，集中体现在“第一单”和“示范单”的突破上，应该引起各类企业营销负责人的高度重视。

公司的持续发展需要营销人走出舒适区，到陌生的区域开疆拓土、攻坚克难。国家正在大力推进的全国统一大市场建设，为企业的全国战略布局提供了政策保障，“一带一路”又给我们创造了国际化的良机，所以不仅国内有广阔的市场空间，国际市场也应该在我们的视野里。每进入一个新区域和新行业，就有一个市场突破“第一单”的问题，因而，“第一单”不是一次性的行为，而是一个不断开拓不断进取的标志。

华为公司刚刚起步不久就构建了国际战略业务，在广袤的非洲大陆，在遥远的南美洲，华为人如同蚂蚁啃骨头一般，敲开一个个客户的大门，占领一个个国家的市场。无数惊心动魄的商战，都是围绕“打进去”也就是“第一单”展开的。

从 0 到 1，与从 1 到 2，是两个完全不同的数量级概念。有了成功的第一单垫底，再参与竞标时，不仅自己格外有底气，招标人和评标专家也会对其有更多的好感和信任。据我们团队的数据分析，有了成功的第一单后，中标概率会提升 30% 以上。所以说，各公司要建立“第一单”的认知理念和特殊的管理模式，无论客户的项目大小，利润高低，都要把它当作战略客户来对待。

第一单的选择，要聚焦核心业务和优势领域，而不要将注意力分散到旁门左道。每家企业都有核心能力和一般能力，有主营业务和旁门业务。老市场做“旁门”，新市场做“主营”，是我常给企业家们讲的。一家做城市道路桥梁工程起家的工程公司，尽管业务面也涉及了园林绿化、公园设计改造、景观布置、安置房施工等，但在开拓新市场时，必须在当地寻找最适合自己的路桥项目，其他旁门项目，找上门来都不要去做。道理很简单，核心业务和优势领域都还欠缺第一单的情况下，找上门来的多半是不怀好意的，替他人做嫁衣的命运一开始就注定了。

第一单的报价，要着眼中标率而不是利润率。我到几家公司考察交流时了解到，他们到新进入的市场第一次参加投标，几乎没有人脉资源，基本上就是“盲投”类型的，结果网上唱标一出来，发现投标价报高了。为什么会报高呢？因为是参考之前中标的价格来报的，低于之前的报价，就不能保证利润指标了。以前同样的报价能中标，那是因为在自己熟悉的区域熟悉的环境，我方能掌控项目局面。而在陌生市场参与竞标，商务与技术的优势都会失去，若报价时还是同样的利润要求，那是没有竞争力的。这个时候，我们的投标报价策略，应该是以力争中标为主，以利润空间为辅。

第一单的策略，要为达成目标而无所不用其极，而不能有撞大运的心态。一些中小企业参与新市场的项目投标常常有撞大运的心态，谁也不知道能不能中标，试试看吧。我把这种心理状态，称之为“打枣心态”。在北方农村，曾流传一句俗话：管他有枣没枣，先打一杆子再说。投标时一旦有了撞大运式的“打枣心态”，首先在信心和决心上就打了折扣，接下来的投标准备、资源配置、信息捕捉、标书制作都不可能做到尽善尽美。如果这样，第一单迟迟不能到来，市场开拓就停滞不前了。

攻克第一单，如同破冰船驶入了北冰洋，迎头破开万年的冰层；拿下第一单，如同士兵们攻占了阵地上的至高点，插上胜利的红旗，对后续跟进的战友是最好的鼓励和鞭策。具有示范效的“第一单”，更是公司营销征途上的航船和朝日。

## 品牌影响“挖深井”

随着新质生产力时代的到来，科技先导，创新突破、质量兴国正成为经济活动的主轴，低空经济、大模型、人工智能、区块链正引领着工程建设、生产制造、与智慧服务领域的转型与勃兴，项目交易方式也正面临深刻变革。

今天这个时代，一个项目，一旦褪去了创新科技元素，便不会具有品牌影响力。我与传统服务行业接触时，发现有人对创新科技引领行业发展的理念既心怀崇敬但又感到茫然，他们总认为科技创新似乎更多是科技型企业的使命，传统服务业离创新科技较远，只能成为时代的跟随者而做不了弄潮儿。

**案例**

江苏苏州有一家做校餐的公司，在当地某著名高校做十五年了，一直以优质的餐品和温馨的服务赢得师生的信任。该公司老板对我说，他们公司当年靠优质服务起家，靠丰富的菜品获得良好口碑，面临时代变化的新要求，该如何巩固品牌效应？我问他，同样是这所高校，近年合同到期后新一轮项目招标时，有没有新内容？他说肯定有，而且新的要求不是在菜品上，而是在服务方式的创新上，2023 年的项目招标文件，就提出了“智慧餐饮”的一些要求，坦率地说，他公司的服务方案并不出众，按数字化团餐管理的要求，都一一响应了，但缺少亮点，因而技术标得分不是最高，业主在招标前就曾提出过意见和建议。好在公司报价适当，40 分的价格分得到满分，加上业主一直认可公司“品质优先，服务至上”的企业文化，最后在十多个投标企业里，公司总分只比第二名高出了 0.25 分，惊险中标。我说：“你们若在数字化餐饮上不再下功夫补课，全面更新服务手段，下一轮招标恐怕就要出局了。若丢掉一个服务了十五年的客户，对你公司的品牌影响力是巨大的打击。”对方点头称是。

就团餐服务业而言，以创新型的数字化服务来变革项目管理，打造“智慧餐饮”，是提升品牌影响力的重要手段。智能化的食材配送系统、食品制作系统和进餐管理系统，全程流水作业，进餐人员的健康监测与个性化营养配餐等。对一家致力于扩大品牌影响力的公司，不仅要适应、满足客户要求，而且还要能走在客户需求的前面，为客户提供数字化、智能化的专业建议和顾问服务。这种项目一旦中标，公司将不再是传统的餐饮公司而蜕变为一家亮眼的科技公司，对整个行业的更新换代都会有重大的影响。

营销团队要做的工作，就是以此为示范案例，利用一切传播手段，将资讯扩散到各地高校，然后上门游说高校的餐饮管理部门。见贤思齐，各个高校的对比甚或攀比心态日胜一日，有许多高校下半年或者明年合同就要到期，正在寻找最佳的方案和优质的供应商，只要方案确实全新智能，在行业独领风骚，感兴趣的单位一定不会少，业务将会迎来裂变式的扩张。

接下来的营销思路如同华北平原的打井人，在一个地方不断地往深处挖掘，直至打出甘甜的水来，营销人需要在同一个客户身上持续不断“挖深井”，一直挖到项目如汪汪泉水，汩汩流淌。在这一领域深耕细作，做深做透，将技术上的创新优势用够用足，将品牌影响力发挥到极致。除了高校，重点中小学的团餐市场也相当庞大，单说江苏一省，就有百亿市场。除了学校，政府机关、医院、大型生产性企业的团餐市场可以同步开拓。

## 选择客户看管理

战略客户除了持续性、第一单、挖深井等要素外，还得了解客户内部的管理机制。有实力有追求的大中企业，客户在选择你的同时，你也要学会选择客户。常规情况下，招标人与投标人作为合同的甲方和乙方，招标人是主动的，投标人是被动的，但任何事物的矛盾规律都是不断转化中的。在满足一定的条件后，被动也可以变主动。“被选择”是被逼无奈，迫不得已；“选择”是主动作为，以攻为守。

全面考察客户背景，对客户进行分析定位，是公司走向成熟的重要标志。经过了详细的尽职调查和数据分析，只有那些管理规范、流程清晰、办事公道、底蕴深厚的业主才能成为公司的战略客户。遇到业主中某些人“吃拿卡要玩”，即便是赫赫有名的大客户，也要从战略客户的名册里移出。

**案例**

北京的一家智能设备与数据服务公司 KM，2023 年中标一家老牌国企的网络设备与集成项目，包括机房改造、设备扩容、数据整理等，本来中标价格就低，可谈合同时，业主怎么都不按中标公示时的投标报价，说必须再下调 5%，否则就不签合同。KM 公司认为中标价格是经过了评标委员会评审通过并公示了的，且项目采用的是低价中标法，公司本来就是在所有投标报价中最低的。再三沟通无效，并说这是领导的意见，不同意就不能签。KM 公司为了能合作成功，最后被迫同意降价，可客户又提出需要增加两台服务器，没有另外的费用支出，算中标方的见面礼，赠送给甲方。业主在合同谈判中如此荒唐无理的要求，还被这些人说得振振有词，仿佛企业在你单位中了一个标，是你给了人家天大的恩赐。对 KM 公司来说，即使忍痛签下合同，项目亏本不论，与这样毫无规则意识、无视管理程序、主观随性的公司合作，后续会陷入麻烦事里不能自拔。

KM 公司太想与这样的名声在外的大集团合作了，最终决定让步签了合同。我最近与 KM 公司老板交流时，他一脸苦相地告诉我说，他后悔了。后续果然与预计的那样，出现一大堆麻烦事。最苦恼的是，招标文件写明的需求原来只是网络部门的意见，到现场实施时，才发现许多问题未经过使用部门认可，而且公司的使用方涉及研发中心、战略发展中心、营销中心、设计院、两家原材料生产企业、两家组装企业等，现有的网络并未完全整合进来，想通过本次系统集成方式是集中不起来的，数据没法全部同步传输。而且，一个部门一个意见，前期谈好的合同内容，事实上一直在被业主随意修改。KM 公司老板深有感触地说：内部管理混乱、朝令夕改、凭长官意志办事的客户，名头再响的单位也不能算做战略客户。本来想眼前这一单亏损一点不可怕，期待后期长期合作，能补回损失。可从其管理现状看，后续项目即使能中标，也未必能盈利。

另一种情况是，客户的管理规范到位，对项目认真负责，严守合同约定，尊重中标人，即使项目中标价格不高，看起来好像不赚钱，最后结果却让人满意。

我多次辅导过的云南澜沧江实业集团常年给电力巨头华能集团提供综合保障服务，涉及物业、检修、餐饮、环保、清洁、检测、物流等诸多领域，每两年一轮招标，每次都有多个省内和省外的公司参与竞标，该集团为了中标稳妥考虑，一直报价偏低，但能保持稳定的收入。根本原因就是华能集团狠抓内部管理，以争创超一流的管理水准，超一流的企业形象为目标，对合作的供应商重合同，讲信誉，合作企业也以“管理上向客户看齐、服务上为客户尽全力”为宗旨，形成甲乙双方相互尊重、良性互动的生动局面。

营销经理们容易重视建立客户关系，忽视了解客户单位的管理水准，甚至对所谓的大客户有盲崇心理，对客户的内部管理水平和专业化程度掉以轻心。须知公司名头大与管理规范化不是同步的，营销的过程也是一个深度了解甲方的过程。不仅要了解直接接触的客户个人喜好，也要了解客户单位的管理机制、管理水平和工作作风。甲方单位越大，项目越大，合作周期越长，后者就越重要。

有企业家问我，对未曾合作过的潜在客户，如何了解客户内部管理规范化程度并据此制订营销策略呢？我的建议如下：

其一，在项目跟进与客户接触中，观察客户的表现。某些招标人在与客户接触中，对技术交流兴趣不大，对吃喝玩乐乐此不疲，毫无顾及，这样的客户要小心。

其二，在与客户交流中，直接寻问客户内部管理流程，请他们多做介绍。

其三，在客户单位拜访时，从接待室、办公区、会议室、电梯门等细微处观察客户环境与员工的专业度。于细微处见精神，一个对来访的供应商客户尊重的业主是值得信任的。

其四，从客户其他合作方了解打听客户管理的规范性。有的合作方也会是自己公司的项目关联方，了解他们与客户之间合作过程中，是否出现过矛盾分歧以及出现矛盾分歧后的处理方式，就能判断客户的管理水准。

其五，从网络信息搜索客户社会评价。通过以上诸方面获得的信息若都是正面的、积极的，在客户级别的测评上应该打上大大的加号。

当我们对战略客户有了精准识别后，就要锁定这个 20% 的客户群体，用 80% 的精力、物力和 100% 的智慧去拥抱它，因为它们会给我们带来 80% 的回报和利润。与战略客户的合作不仅漫长，还涉及时时处处、方方面面、点点滴滴，牵一发而动全身。全面面向战略客户的营销转型，需要公司从立体的视角去把握它。

荀子有言："登高而呼，臂非加长也，而见者远；顺风而呼，声非加疾也，而闻者彰。"牛顿曾说："如果我看得比别人更远一点，那是因为我站在巨人的肩膀上。”战略客户于我方而言，就是帮助我们站上山顶的“巨人”，就是将我们的声音传之久远的“顺风”，是公司营销战略始终不变的工作重点。

**温故知新** 小练习

1. 多选题：客户群体的中产特性，表现为以下三个方面，即（　　）。

A. 文化修养　B. 生活品味　C. 升官发财　D. 精神追求

E. 与世无争

2. 判断题：“客户显性的身份最主要特性在于，招投标公开性的制度安排，使得招标人一切应该公开的活动都必须在阳光下进行，不得对投标人隐瞒。”你认为这句话是对的还是错误的？对的打“√”，错误的打“×”。（　　）

3. 思考题：假设公司安排你带一个刚入职的营销新人，你将如何指导他在实际工作中针对四种不同类型的客户，从项目目标、营销策略及客户关系等方面进行分类管理？

______________________________

______________________________

______________________________

# 下篇

# 新质 PLT 营销模式

# PART 4 | 第四章 |

# P：深度营销转型

本章金句

◎ 营销学既是人学，也是心学。

◎ 做好客户关系工作，首先得将自己的心门打开，还得“在事上磨”，以达到“知行合一”。

◎ 一交往、二交情、三交心（即三交到心）、四交底、五交单、六交账（即六交到账）。层层递进，步步深入，终至目标。

◎ 客户就象李白，而营销人恰似汪伦，客户对营销人像李白对汪伦一样难以割舍，营销人对客户如汪伦对李白似的一往情深。

◎ “扫楼”式的上门“死磕”在方式上可以改变，但精神不能丢。

## 营销学即“心学”

本书认为，以客户（即人 P）为主的营销为深度营销，以法规（即法 L）为主的营销为规则营销，以标书（即技 T）为主的营销为技术营销，企业应致力于建立在新质生产力的引领下，以中标为目标导向，以 PLT(人—法—技)为体系的新质营销模式。

新质 PLT 营销模式以“人(People)”为前提，如何正确的理解并认识人呢？王阳明说过：“心即理也，天下又有心外之事，心外之理乎？”意思是从内心出发是理解并从事一切事物的基础，不存在自己内心感知之外的事物和道理。由此观之，营销学既是人学，也是心学。做好客户关系工作，首先得将自己的心门打开，“在事上磨”，通过营销实践活动磨炼自己的心性，以达到“知行合一”。

当下营销界最普遍的现象，就是营销人看起来忙忙碌碌，但成效不高。究其原因，相当一部分时间在瞎忙，不乏“演戏”的成份，是忙给领导和同事看的，真正与客户接触交流的时间非常有限，且多半是浅尝辄止，浮光掠影。项目信息的获取过分依靠网络，难免滞后和隔靴搔痒。这就是我一再直陈的企业营销工作的通病：形式主义和表面化。仅是花拳绣腿的表面功夫，自己的心性未曾触动，何以能照见客户的内心，激起情感的共鸣？这种现象不仅在中小企业存在，在大型企业，也是一个突出问题。

造成企业营销工作形式主义和表面化的原因，首先要从公司管理机制上去反思，而不能一味怪罪营销经理们出工不出力。市场部门忙着制订表格，大区经理忙着填写数据，营销总经理忙着听汇报做指示。越来越智能化的CRM（Customer Relationship Management，客户关系管理系统）在促进工作精细化的同时，也让一些企业开始陷入形式主义的泥潭，离项目、离客户越来越远。

同时，大数据的应用和网络传播方式的便利，让营销人有了获取招采项目信息的捷径。各类招投标信息服务商应运而生，的确起到了招采信息传播的积极作用，譬如采招网的“采乐会”的会员注册就极其踊跃。但我始终要强调的是，便利化的网络信息服务可以信赖，但不能依赖。网上招采信息有快捷和覆盖面广的优势，也有过时（时间不赶趟）和被过滤（部分信息筛选过了）的劣势。营销前辈们“扫楼”式的上门“死磕”在方式上可以改变，但精神不能丢。如果因为有了便捷的招采信息采集渠道就减少登门拜访，线下联络，那基础的客户关系就没法建立起来。表面化都难以做到，何谈深化?

任何项目的招投标，均是以法律法规为基础，以招标文件为指南，这些投标人必须遵循的规则要素，都是由业主单位的采招人也就是我们所说的客户来完成操作的。所以说人是一切市场营销的核心和本质，深度营销就是从客户关系做起，深度了解客户的喜悦、企盼、担心和顾忌等各种心理需求，进而在双方的思想深处产生碰撞，最终成为市场竞争的主导者。

“网”上得来终觉浅，绝知此事要躬行。网络时代成长起来的新一代营销人，迫切需要从网上依赖转型到现实信赖，从表面营销转型到深度营销。在AI浪潮迭起的今天，营销作为心学的内涵更加深邃。正如我们前面论述过的，客户不同以往，他们专业水平、技术能力和文化素养等方面，已经深深地刻上了中产阶层的烙印，需要我们更加用心去对待。

从营销学即“心学”的思想出发，我提出“三交到心”“六交到账”的深度营销理念，即以“交”为行为特征，以回款到账为最终目标，分六个步骤和两个阶段实现客户关系的突破。分别为：一交往、二交情、三交心（即三交到心）、四交底、五交单、六交账（即六交到账）。层层递进，步步深入，终至目标（如图 4-1 所示），开辟出表面化营销向深度营销转型的新赛道，本章以下各节逐一论述。

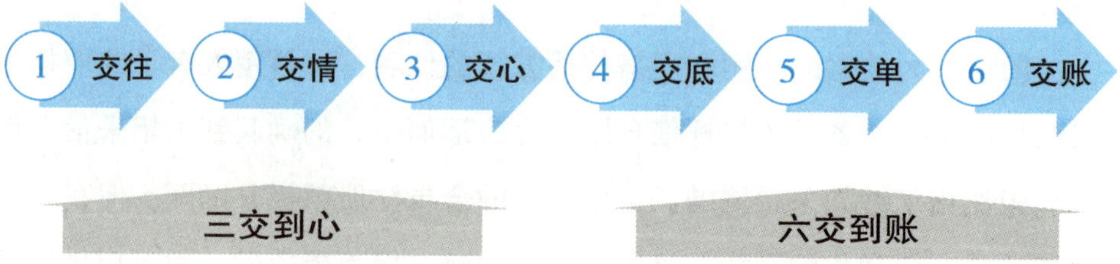


图 4-1　以“交”为行为特征深度营销转型示意图

# 交往：认知的建立

从混沌一片到锁定对象，从完全陌生到初相识，建立起甲乙双方身份的初步认同，此即为交往阶段。这个时候离交单、交账还有很远的距离，但毕竟在浩如繁星的招标人与投标人天际，双方产生了第一次碰撞，它是市场营销迈出的重要一步。

在采招人的心目中，印象最深、了解最透的企业，一定是曾经和正在合作的供应商；排第二位的是入围构架协议，名单已经在供应商信息库里的，这些企业参与竞标得到项目是迟早的事；第三类，是虽然不曾参与过业主单位的采购，但在社会上和行业里知名度极高的企业，譬如，采购人拟采购工业和服务机器人，不会没听说过新松机器人公司；计划采购无人机，不会不了解大疆公司的产品性能和价格；想购买新能源洗车，会优先关注比亚迪、奇瑞、吉利、长安等新型品牌。若营销人所在企业不属于类似这样的知名企业，那你的公司在招标人眼里如同空气，他完全没有感知。此时，交往，便是营销人让自己的公司一步步变成客户知晓的公司、入库的公司和最后中标的公司这一过程的第一步。

统计表明，初入职场的营销经理们的“交往”困惑主要有这样几种情况：

- 一是信息不全，不知道该找谁；
- 二是没人引见，欲见无门；
- 三是吃闭门羹，找上门去被拒绝；

- 四是想方设法见上了面，却进展不下去，客户表情冷淡，说不上两句话就要走人，找不到可聊的话题；
- 五是与客户加了微信，可对方是领导，不敢随便联系，鼓足勇气发个问候，人家迟迟不回。

总之，难以把客户关系建立起来并有效地推进下去。该怎么办？

## 办法总比困难多

**案例**

中关村科技园区某网络安全防护公司PI的高层得到一个消息，在北京北郊的一个会议中心要召开各省市区科技厅局信息办主任工作会议，会议是封闭式的，中心不接待会议外的人入驻，这是PI公司梦寐以求想接触的重要客户群，但公司高层获得的信息也很有限，没有人脉关系可以直接对接。高层将信息转达给了营销中心姜经理，剩下的事就由姜经理来考虑了。要不要抓住这个线索往下推进？怎么才能将线索变成营销机会？

姜经理组织营销中心的人讨论，大家七嘴八舌，各抒已见。有人说也订一间房，在大厅与客户交换名片；有人说就在大厅死等；又有人提议在会议中心外面竖广告牌，或者出20万元赞助会议等。这些意见都被姜经理否定了，这是包场会议，外人不能入驻，参与的官员们也不会在大厅等着你，况且大厅都不会让外人进。竖广告牌得提前报备，赞助会议的提议更是离谱，这种政府的内部工作会议和商业化的“高锋论坛”性质完全不同，无赞助一说。这些借助外力的想法都不具备可操作性，就得靠个人的本事打进去。

IT与通信营销部的小王没等会议开完，就悄悄溜出去了，他已有了自己的计划。

第二天，小王西装革履拎着文件包径直来到会议中心，对门口的保安说，他是来给参会领导送材料的，前台一听送资料，让他到了大厅前台，前台小姐见他包里确实是资料，还有科技方面的书箱，可他谁也不认识，说送给那位领导呢？小王早想好了，不能说沿海省份的，因为沿海地区信息化发达，合作的大公司很多，一下子也不一定能打进去。他说材料是山西来参会的王主任要的，其实前台也不知道山西的主任是否姓王，但听他这么一说感觉很真实自然，就让他进去了。

小王后来总结的经验是，只要下定了决心，就没有克服不了的困难，何况我们做的是有益于客户的正事、好事。

## 实在没招就“死磕”

小王的做法，我称之为“死磕”，陌拜、扫楼之类都属于死磕。在信息不灵，无资源可用的情况下，这是营销人唯一的办法，也是一种永远不言弃的精神。死磕不是盲动，而是提前的精心准备和巧妙设计，是营销人个人综合素质和才能的合理应用。在进行物质和心理准备的时候，需要思考下面三个问题。

（1）如何在无准确信息情况下，能约见上客户？一家做装饰装潢的公司，它的客户目标非常清楚，所有即将开工的、正在打地基的或已经开始盖楼的，这些工程项目最后无不需要装饰装潢，都是他的客户。有的项目是在总包的时候都已经确定了，有的项目则不然，只是把基础工程包出去了，装饰装潢部分还没招标呢。如果是总包即 EPC 项目，能不能把装饰装潢分包出去？当然可以。这个时候必须立即从交往开始进行客户关系的攻关，其营销策略是，非 EPC 项目，直接想方设法找业主方项目负责人；EPC 项目，既要找业主方但更要找总包方的项目负责人，由他们直接负责装饰装潢部分的采购分包，也称为二次招标。中建，中交、中铁、中能建的下属工程局和省属重点投资类、建设类企业集团如北京控股、浙江建工、广东建工等，它们是 EPC 总包的主力军，学会和他们打交道对一个装饰装潢公司来说极其重要。

见不到人怎么办？一次授课期间，一位姓裴的经理介绍过他的一次经历，很有启发意义。

作为国际运输的龙头企业，公司的背景不可谓不大，他去拜访福建某市的一位局长，下午一点领导正要开会，说想见要等开会结束。会议室的外面是一个刚盖的楼，对着大门的地方没有树木荫凉，裴经理就在会议大楼外面等着。如果他躲到有荫凉的地方，如果会议提前结束，他有可能错过与局长见面的机会。为了抓住这个机会，在 8 月烈日的暴晒下，他整整站了 5 个小时。局长开完会出来见到满头大汗的小伙子，说："你们公司也是很有实力的大集团，你的这份坚持力让我感动，就凭这种工作作风，我对合作愈发有信心。"

## 雪中送碳暖人心

交往针对的是与客户刚刚接触，彼此不甚了解，更说不上有感情基础的客户，这个时候打动客户靠的不是锦上添花，而是雪中送炭。从需求心理角度，锦上添花针对的是需要而非紧急的需求，雪中送碳针对的是需要而且紧急的需求。显然，营销人要多研究如何雪中送炭。

**案例** 新疆怡利科技公司营销中心的罗经理分享过一个故事：怡利科技作为中国通信服务集团的下属技术性公司，在当地的电信服务市场，占有较大份额。罗经理提前约好了时间，去拜访联通公司的采购部主管柳工，因是第一次见不太熟悉，对方客气地说：我今天很忙，下周要参加职称考试，教材还没看完呢。这意思再清楚不过了，那就是没时间，你走吧。换作某些客户经理，那就转身告辞了，等他考试完了再来。但罗经理不这样想，客户正在评职称，这是他眼下的心头大事，从这方面多想办法，若能促其一臂之力的话，那接下来的关系就好相处了。

罗经理灵机一动对柳工说，我们单位去年也有同事参加考试，可能是同一个考试中心，我回去问一下他们考试的情况，或许能给你提供点信息。然后走到桌前拿起他的学习资料翻看了一下，又说：“我们同事看的教材和这个不同，是蓝皮的。这个教材概念化的多，要死记硬背，那套教材全是模拟题，容易考过关。我回单位下午就把那本书给你拿来。”听了罗经理的话，柳工什么表情不用多说，喜悦之情想都能想出来。他下午再见到罗经理，态度完全不一样。

## 敏锐观察对症下药

罗曼·罗兰说：“生活不是缺少美，而是缺少对美的发现。”同样的道理，客户不是缺少个性和喜好，是营销人缺少对个性和喜好的洞察和发现。为什么我要强调初次见面就要敏锐捕捉住客户的喜好？这是为客户关系继续推进，为寻找下一次见面机会创造条件，解决有些营销经理遇到的与客户一次见面再无下文的囧境。

与客户初次见面，除了简单寒暄相互认识，让他知道你公司的基本情况和参与竞标的强烈意愿之外，另一个重要职责，就是要观察发现客户的特点和喜好，为下一次见面进行铺垫。

曾经有个学员跟我讲过一个细节，他去拜访一个新客户，进到客户的房间，见沙发上坐着两个人，一个坐姿端正，身子微微往前倾，另一个侧靠坐在沙发背上，他一眼便判断出谁是要见的人。

**案例**

某数码技术公司销售部章经理在网上查到客户办公电话，打过去约好了见面时间。他进了办公室很快发现，办公桌上靠墙边摆了一个毛笔架，上面挂满了毛笔，边上还有一叠白纸，他马上意识到这位赵主任喜欢书法，这应该是一个可以延伸的话题。简单简介了一下公司情况后，在离开前章经理说："看您很喜欢书法，字写得漂亮，我刚好认识几个书法家，他们有时搞笔会活动，下次有交流机会，我邀请您一起过去。"赵主任一听很感兴趣，说："我就是业余写着玩玩，怕不够格吧？"章经理说："书法就是修身养性，水平高低是次要的，也就是多认识些圈里的朋友，比一个人在家琢磨进步快。"赵主任一听觉得有道理就同意了。

章经理回去找到他认识的一个书画网的编辑，请他找几个资深书法爱好者搞个小活动，活动安排和聚餐费用都不用操心。一听聚餐有人买单，编辑喜不自禁，活动很快就落实下来了。赵主任结交了同道中人，对章经理印象极好，尽管现在还没谈到项目的事，但一切尽在不言中。

由此可见，客户的特殊喜好，也是营销人与客户打交道的突破口，顺着这条线走下去，关系就能建立起来，与客户的交往就算正式开始了。

## 让客户念念不忘

交往阶段取得成效的下一个问题，初次见面如何让客户对你念念不忘？因为客户见的供应商众多，有些供应商已经是他们合作多年、刻在脑子里的，有的或许背后有着千丝万缕的联系，有的则是老相识、好朋友，一个刚刚接触的非知名企业的营销经理，在客户心中十有八九如过眼云烟，毫无印象。初见面，想靠介绍公司、产品打动客户，几乎不可能。因真正在产品和技术上出类拔萃的公司毕竟只是极少数精英企业，绝大部分公司的特性相差无几，同质化严重，这也是我在前面分析过的当今营销困境的原因之一。因而，营销人不能指望或依赖公司平台的影响力来打动客户，而是要想方设法让客户记住自己身上的某种个性或特长，展现出个人的风采和魅力，让客户觉得在众多孜孜以求的供应商里面，你与众不同。

**案例**

新疆某大型电工集团的大区经理肖经理负责东北市场的开发，第一次去辽宁一家电厂拜访客户时，见客户单位有一个乒乓球室，便主动提及，他得到过集团的乒乓球比赛冠军，还参加过乌鲁木齐市职工乒乓球大赛。客户一下子就来了兴趣，说下午别走，下班后一起练练。这一练就不可收拾，他很快就打出了名头。不是谁都打不过他，而是无论谁和他比赛都能感到打得过瘾，且球技有长进，这才是肖经理真正的过人之处。他只用一局就能判断出对方的水平，然后合理地使出自己的功力。后来和客户混熟后，只要有一段时间肖经理没去回访客户，客户那边还会打电话逗他："怎么好久不见你过来了，又有项目要开标了呢。"肖经理心里明白，其实客户是想和他打球了，项目的事，早就形成默契，不用在电话里谈了。就靠着这一特长，肖经理被客户牢牢记住且念念不忘。

# 交情：感情的维系

## 基本特征产生友情

交情是深度营销的第二个阶段。它指的是营销人与客户之间，超越了甲方乙方之间单纯的商业关系，建立起私人之间的信任和友情。在办公室谈项目谈得再好不能叫交情，那是职场人的本分。认识客户的时间再长，若只是公事公办，那也不是交情，仍旧属于交往的层面。交情的特征，是个人间的、私密性的、情感上的。交情包含有功利的成份，但不以功利为目的。建立起超越功利性的友谊，才是对交情的正确解读。因此我常说，客户关系的建立是从交情开始的。有的企业以各种方式卖出了产品，做成了项目，但与客户没有直接接触，没有产生交情，只能说有客户，不能说有客户关系。

**案例**

甘肃兰州做农业新技术推广的WT公司老板高总，了解到他老家县里农业局局长喜欢钓鱼，他知道郊区有个特别好的鱼塘，周末便约了局长一起去钓鱼。高总从不向局长打听项目立项是否完成，大概何时可以招标等业务问题，让局长心里没有压力和障碍。这就是交情。

交情在客户关系建立与维护过程中的极端重要性，源自中国是一个人情社会，有悠久的人伦关怀的传统，良好的情感交流是维系社会稳定的基石，更是与客户建立信任的前提。李白《赠汪伦》诗云：“李白乘舟将欲行，忽闻岸上踏歌声。桃花潭水深千尺，不及汪伦送我情。”寥寥数语，便栩栩如生地展现出两人名传千年的“桃花潭水情”。李叔同的名作《送别》，更是把人与人的美好感情描写得感人至深，至今仍广为传颂：“天之涯，地之角，知交半零落。一壶浊酒尽余欢，今宵别梦寒。”这种对美好人情的描绘，构成中国传统文化最动人的篇章，深刻影响着当代社会的人际关系特性。

交情最理想的情形，可打个比方：客户就像李白，而营销人恰似汪伦，客户对营销人像李白对汪伦一样难以割舍，营销人对客户如汪伦对李白似的一往情深。所以说，交情是发展客户关系，进行深度营销的重要手段，是维系与客户关系的情感纽带，是营销经理们常态化的主要工作内容。

## 共同爱好升温友情

为什么有的人与客户接触很久，却始终处于交往阶段，无法将关系推进到交情阶段？有的人则可以迅速跨越交往的层面，与客户一次见面便产生交情？背后的奥秘就是共同爱好，因为有共同爱好说明有共同语言，有共同语言说明情趣相投，情趣相投意味着双方友情会快速升温。

**案例**　我以前在做销售总监时，与某资源型央企的数据中心有业务往来，在和数据中心的领导聊天时得知他参加了一个自行车骑行团，休息时常到郊外夜骑。他说：在朦胧的月色下，骑行在乡间道路上，微风浸透全身，那感觉比喝二两小酒还舒服，一天的工作疲劳和烦恼被一扫光。其实生活中我不常骑自行车，但觉得这是密切感情的最好机会，还能让自己也养成骑行的好习惯，立刻说要报名参加他们的夜骑团。领导很乐意我加入，他觉得我们有共同的兴趣爱好，身上的共同点多，关系相处更加融洽，合作起来便会更为顺畅。因项目式的营销，甲方与乙方是需要经常性见面的，没有一个甲方会愿意与一个双方没有共同语言，让他看起来很不爽的人打交道。

## 生活排忧密切友情

客户三层次社会地位不同，年龄阶段不同，生活上需求也有着不同特点。执行层都是年轻人，提升工作技能、恋爱成家，都是他们迫切的需求。管理层中年人居多，属于“上有老下有小”的人生爬坡期，有许多难以言说的“中年困惑”。决策层位高权重，但也有属于他们的烦恼。

我给某集团公司做项目咨询顾问时，在一次内部研讨会上，公司西北大区的营销总监分享说，他的一个客户是华能集团所属发电企业的副总经理，得了一种怪病，多方求医不见好转，他得知后帮他想了很多办法，最后在他老家寻到了一个偏方，居然起到了很大作用，服用了两周时间便大有好转。这种生活上实实在在的帮助，对双方感情加深所起到的作用，是任何非常规手段不可替代的。年轻人曾提问说，我也想成为能给客户排忧解难的人，可条件不允许能力达不到啊！我自己的事都解决不了，哪有能力帮到客户呢?这其实是认识的误区。

一位刚刚入行的营销经理，自身的社会关系资源或许是空白，能不能调动起身边的社会资源呢?有一位刚入行的“小白”，为了拿下项目，把父母都调动起来给他出主意想办法。最后应验了那句著名的古语：“苦心人，天不负。”他成了笑到最后的人。

能力可以有限，态度必须积极。帮客户孩子考上大学，你确实没这大本事，但为孩子备考积极奔走，出谋划策则是谁都能做到的，也是客户心理需要的。态度端正，热情到位，办成事了说明本事大，没不成则证明了热心快肠。从客户心理上说，办成事了是目标导向，没办成事是过程导向。

## 专业帮助稳固友情

国家机关和大型企业里面做采购和供应链管理的执行层人员，最大的心理需求，一是稳住现有的岗位，成为单位的业务骨干；二是渴望干出成绩得到领导的重视，求得更好的前途。他们的首要愿望是岗位能力与专业水平的提升，而不是营销人习惯性误认为的吃饭喝酒打麻将。若能通过与某供应商的联系和交流，使客户的专业知识得到增长，专业技能得到提升，那双方的感情会日益稳固。

**案例** 北京DF文档数字化管理公司胡副总，有一个大客户是东北某市档案馆副馆长，正在准备申报正高职称，若能评审通过，则可以享受正处级待遇。这个时候若能在国家级档案或者相关刊物发表一篇论文，那将是最大的助力。胡副总了解到这个情况后，便想一定要帮他这个忙。对外地单位来说，认识国家级刊物编辑的机会不多，因这些刊物大多在北京。胡副总没过多久就联系到了《中国档案》的编辑，想办法请他发表了副馆长的文章。当副馆长收到样刊，简单欣喜若狂，电话里一个劲感谢胡副总，说正好赶上申报材料，有了这篇大刊论文，正高就稳了。

为什么说专业上提供帮助是稳固友情重要手段？

在采购人与供应商的关系中，采购人的特点是博，而供应商的特点是专。采购人作为需求方，只需要知道自己各方面的需求是什么，而供应商作为供给方，应该是满足某种需求的产品和服务的专家。所以，给客户提供专业帮助，其实也是客户对你的期待。

## 交心：心灵的契合

交心是营销的最高境界，指的是与客户能够在精神层面进行平等对话，相互信赖，相互欣赏，同频共振，人品互鉴，与客户成为无话不谈的知心朋友。

### 人品的比拼

在今天这个AI时代，企业需要靠创新技术立足，营销不是要突出展示公司的技术优势吗？这当然是不错的，但要认识到，新质生产力不仅仅是技术手段，它是从技术出发最终改变时代面貌和风尚的大生态，它对社会更大的冲击力是它带给人们观念的更新和心灵的重塑。所以，新质生产力背景下的市场竞争，既是新技术新产品的比拼，更是人品的比拼。

产品高级，人品同级，产品胜；

产品同级，人品高级，人品胜；

产品同级，人品同级，人品胜；

产品同级，人品次级，产品胜。

产品给人品护航，人品为产品添彩，这就是产品与人品的关系。人品就是营销人的道德修养与君子之风，它是获得客户信任能够交心谈心的前提。

由是观之，深度营销走向交心阶段，不是向外求着与客户交心，而是向内打开心门，修练人品，经过了交往的铺垫与交情的熟知，达到心灵契合的交心状态。所谓“栽得梧桐树，引得凤凰来”就是此意。

## 人情的练达

俗话说：“世事洞明皆学问，人情练达即文章。”洞明、练达，体现出营销人对人情世故的修练。熟悉人情世故是判断一个人成熟的标志，是进入客户“隐性的圈层”的通行证。

人情世故体现在生活的方方面面，大家族里最注重家教庭训的传承，核心内容就是教给后人通过熟知人情明白做人的道理，有些话对营销工作颇有启发性，比如：参加酒局，客不带客；与客人见面要提前五分钟到；客人的话永远都是对的，不要和客人争辩；永远不要在客户面前说竞争对手的坏话；懂得避锋藏拙的人，才是最聪明的人；不提条件的人，往往条件最高；客户不爱听你讲话，不是声音不够大，而是讲的内容他不关心。

## 人性的分析

在了解人情世故的基础上，交心先要学会分析人性。中国自古分析人性有“性善说”“性恶说”“本性说”等，王阳明的说法是：“无善无恶心之体，有善有恶意之动。知善知恶是良知，为善去恶是格物。”机械地讲善与恶是没有意义的，当善恶之念萌动时，就是人性地萌发，知道分辩善恶好坏便是通达人的“良知”，而正大光明的人性则应该是“为善去恶”。这就是传统文化里面最具有哲学意味的人性分析，它对理解把握客户关系有重要的启示。比方说趋利避害是人性的一种反应，与客户交往，他永远是趋利避害的。什么叫避害？就是要远离危险，专业上谓之风险防控。营销人的某种行为，哪怕只是一个细节的不经意流露，只要让客户感到有一丝丝的不安全感，客户与你的关系就会疏离，不用说交心了，好不容易建立起来的交情也会丧失殆尽。

## 人心的洞察

如果说人性的分析带有更多的理性色彩，那洞察人心则需要营销人在与客户交往和交情过程中培养出敏锐的洞察力。优秀的营销人能通过察颜观色，对客户的心理状态洞若观火。而经验欠缺的人就会分辨不出客户的用心，误会客户的意思，陷入认知的误区。

**案例**

某建筑集团的老板深夜突然给我打电话，说请我帮他分析一下眼就要到手的项目怎么丢了。我说你客户关系怎么样啊？他说客户关系层面不是问题，关系相当好，“三交到心”做到交心了。何以见得交心了呢？他说：“我们在一起吃过饭，喝过酒，客户跟我讲了这个项目会帮我的。”我问他：“客户向你透露过竞争对手的信息吗？”他说：“这个没有，高层说竞标公司信息要对外保密。”这位老板是一个实诚人，过分相信客户的口头承诺，连客户的敷衍搪塞之语竟未能听懂，还自以为交心到位，在洞察人心上欠火候。

若客户内心真的瞧得起你，即使你不是乙方公司的销售经理，他也愿意和你成为好朋友，这才叫交心。到了这个阶段，有项目时自然而然地会想着你。

# 交底：底牌的获取

当关系推进到交心的阶段，营销人同时要做一件事，争取单独技术交流机会，获取项目进展内部信息。它使我们在竞标时能打出别人没有的底牌，这就是第四“交”——交底。我认为，做不到交底，就不能说有深度营销。

因为只有摸到客户的底牌，投标策略才能有针对性的设计和布置，才有超过竞争对手的胜算，中标的机率才会高。同时，也是检验客户关系是否到了交心程度的试金石。

在交底阶段，通过项目筹备期动态捕捉和技术方案上的交流与研讨，营销人要获得哪些底牌呢？

## 决策底牌

有人说，最有决策权力的不就是“一把手”吗？不一定的。第二章讲过项目的决策机制与“‘一把手’下场的五种情况”，根据项目属性和投资额度，不属于这五种情况的项目，会另有人负责管控。可能是分管副总，也可能是业务部的负责人等。我们在交往阶段最初接触的客户，或许是营销人最为熟悉，关系也最好的人，但多半不会是最权威的决策人。

按本书“三层两线”的理论，决策过程要经过三个层级的流转：决策层定目标，管理层管流程，执行层出方案。所以，这个环节的交底，要摸清如下底牌：

决策层的决策委员会成员构成，看看哪位或哪几位和我们有交情、交心的关系，若三交的层级还不够，迅速拟定攻关突破的方法。

管理层中全程参与的负责人是哪一位，他在招标流程中的每一个具体环节都有发言权或决策权，这是必须要拿下的目标，除项目信息外，关于他个人的一切资讯对我们都是有用的底牌。

执行层的人浮在表面，负责处理日常事务，是最容易接触的客户。营销人容易看不清执行层的人在招标中的作用，似乎中标决策和他们无关，这是片面的。尽管执行层没有定标的决策权，但他们作为招投标过程中具体事务的实际操作者，他们不仅掌握你想知道的大部分信息，而且具有投标条款和技术需求细节上的决定权。

## 竞对底牌

竞对指主要竞争对手，是指和自己公司一样志在必得的投标人，而不是临时冒出来“打酱油”的、搅局捣乱的或要约好了一块儿围标、串标的。有人提问，电子招标平台在开标前，业主不是不了解哪些公司下载了标书参与竞标吗？除非招标人自己组织项目招投标活动，通过第三方平台招标的项目，招标人的确是不一定掌握下载了标书的全部潜在投标人信息，这是招标平台的特性决定的。但真正一心想中标的投标人，会坐等平台发布招标公告？当项目还在计划或立项阶段，就会有嗅觉灵敏的公司闻风而动，这些公司与业主的接触或浅或深，关系或亲或疏，友情或长或短，哪几家公司实力强、关系硬，已在框定的小圈子里了，招标人心里一定是有数的。至于那些从不联络客户的盲投公司，业主确实是不知道他们的信息，不过，除非是采用低价中标法的中小型物品采购项目，盲投公司还可奋力一搏，否则这些盲投公司也就是来凑热闹，无关中标大局。如果这个环节怎么也摸不到竞争对手的底牌，说明客户不愿跟你交底，你不是他心目中的中标候选人。若这种情况下还蹚踌满志以为尽在掌握，那是对中标结果严重的误判。

只有了解最主要的竞争对手是谁，才能制订高效可行的应标策略，否则，敌人都不知道在哪里，怎么打仗？以竞对为目标的投标策略，主要分为三类：一是敌强我弱，则要制订精准的低报价策略，通过完美的细节呈现以小搏大；二是敌弱我强，则要充分展现出技术先进性的优势，赢在创新科技；三是敌我相当，则要以综合性整体攻防为主。

## 价格底牌

政府采购项目会有精准的项目预算价，工程项目有暂估价，这些重要信息会在招标文件里公开发布，但公开的预算价、暂估价等同于最高限价，它与客户心目中预想的中标价格，是两个不同的概念。是比照最高限价中标即可，还是价格越低越好？这个未来的中标价客户谁也说不准，但客户内心一般会有一个价格区间，这个价格区间就是心理价位，客户的价格底牌。看似低价中标法的项目，到底低到什么程度？有越低越好的，低到明显低于成本也无所谓，反正吃亏上当的是乙方，客户有没有真实的想法是接近预算中标？当然也会有。

摸清价格底牌是投标报价的参考依据之一。项目的报价策略包括六大要素：一是评分标准的价格计算公式；二是自身的成本核算；三是竞争对手的报价分析；四是本公司的利润期待；五是过往同类项目的中标价格；六是客户的心理价位。将这六个方面再细分出若干小项，套入公式进行综合换算，最后的报价才是最有利于中标得分又有利于利益保障的。

## 技术底牌

甲方技术需求上最重要或最特殊的诉求是什么，摸清这张底牌是招标前营销工作的核心攻克点。比如一个网络系统，常规的需求是容易弄清楚的，业内公司的技术方案差不多都能满足，但在功能和场景应用上，招标人最关心什么呢？数据的计算处理能力，数据存储功能强大，还是数据安全保护措施？曾经有一个项目的业主，最关心的是系统中历史影像的修复和再利用能力，在这个技术点上各竞标公司的差别比较大，有的系统不能做到修复出客户满意的高清效果，若你提前了解到这方面信息，对系统的部分功能进行专门优化，定向研发，在产品演示和投标文件对应部分的呈现中，就能得到招标人和评标专家的青睐。

有人说，招标人的技术需求不是都写在招标文件里了吗？不是应该按照文件的要求来设计技术方案吗？这只是一种理想中的状况。现实情况是，招标文件在技术需求的描述上，大多数情况下不可能做到每一个需求点都具体精准，技术越复杂则准确性越低。有些业主特别关注的点未必在招标文件里呈现出来，但他们可能给关系好的公司私下交底，完全通过纸面上的文字解读，不可能穷尽招标人的心思的。在招标文件的技术评审主观分不可避免、甚至还占比较大的情况下，技术上的交底尤其显得不可或缺。

# 交单：最后的博弈

交单阶段指的是在客户的协助和我方的努力下，经过招投标比拼，我方胜出拿到中标通知书，经过公示期的煎熬，随后进行商务谈判并最终签下满意合同的过程。

首先要明确两个问题：一是交单不等于直接中标；二是中标不等于签下优质合同。公示期被反转，合同谈判中一再让价，最后签了份亏本合同，这种事并不鲜见。营销人在这个阶段的工作责任，一点不比“三交到心”时轻松。

## 编写标书防出错

交往、交情、交心、交底一步步推进到交单，无数的辛苦付出、众人的期盼和等待，该获取的信息都一网打尽，该做的铺垫都铺展到位，该控的标都严丝合缝，可就在最后临门一脚时，投标文件出现了不该出现的小纰漏。在开标和评审环节，投标文件的一丁点瑕疵都会暴露在光天化日之下，没有谁能遮盖过去，签错名、盖漏章、算错数、写错字等看起来不起眼的小事都会成为中标的索命鬼，被评标委员会废标出局。这就是招投标这种规则的特殊性。投标文件形式上的瑕疵一票否决，与公司大小、实力强弱，关系亲疏没有丝毫关系。不用指望任何人为你伸出援手，公司前期所有的物质的、精力的、时间的付出都将付之东流。这种因小失大让人痛心疾首的事几乎每天都在重复发生，成为投标人心中永远的痛。

某公司在招标平台上注册上传资料时，公司法定代表人一栏竟然出现了两个不同的名字，一个公司怎么会有两个法定代表人呢？查询后才知道，该公司前段时间刚更换了董事长，市场部人员操作时未将原董事长信息覆盖，招标平台工作人员也不可能去核实，闹出一个乌龙。这个案例告诉我们，即使投标文件没有瑕疵，但在网上注册、上传、开标等环节，也要表现完美，否则仍面临废标出局。

**案例** 北京海淀区 A 公司规模较大，租下了中关村大街上一幢写字楼的 8 ~ 15 层。7 楼有一家新成立的公司，嫌自己的宽带不够，网络不稳定，便蹭了楼上 A 公司的网。巧的是两家公司参加了同一政府采购项目的投标，因上传投标文件的 IP 地址一致，被招标人判定为围标、串标。楼上 A 公司觉得很冤枉，辩解说不认识另外这家公司，但招标人认为解释没有证据支撑，不具有说服力，结果是两家公司同时被取消投标资格。

根据电子招投标国家相关规定，我们总结梳理出了电子标的废标规则，并进行重点提示。做出这种提示的目的是，各类企业要提升对标书规律性的认识，使公司有把握中标的项目不至于在阴沟里翻船，确保做到顺利交单。

（1）电子投标文件 IP 地址信息相同且无法提供合理解释。“合理解释”只是一个法律上规范用词而已，实际上出现这种错误会没啥可解释的，就是直接废标。

（2）地域无关联的投标人报名的 IP 地址在某一特定区域。投标文件 IP 地址未必完全一样，但属于某一特定区域，但报名公司的地址却相距遥远。这一废标项比前一种情况更容易让投标人忽视。

（3）电子投标文件上传或解密的计算机网卡 MAC 地址、CPU 序列号和硬盘序列号等硬件信息均相同（但开标现场上传、解密电子投标文件的除外）。

（4）电子投标文件使用相同数字证书加密或使用相同电子印章。

（5）电子投标文件作者信息或最后一次保存者一致。这一内容在招标平台开标解密时自动就能显示出来。

（6）电子投标文件已标价工程量清单 XML 电子文档记录的计价软件加密锁序列号、CPU 序列号和硬盘序列号等信息，有一条以上相同就会视为围标、串标。

（7）电子投标文件内容异常一致或者实质性相同。注意：连续相同的字数超过 30 个即为重复；重复率不得超过 20%。20% 就是一个异常一致的判断标准。

（8）电子投标文件载明的联合体成员为同一法人、项目管理成员为同一人、出现错误内容异常一致。

（9）电子投标文件实质性内容存在两处以上细节错误一致。指的是招标文件要求必须满足的实质性内容，有两处及以上细节错误一致就满足废标条件，评标专家必须做废标处理。

（10）投标报价呈等差数列规律性变化。

（11）多个投标单位在不同采购项目中经常性同时出现，中标人是其中固定的一个。这种规则只有在大数据支撑下才可能出现，随着招标平台智能化程度越来越高，大数据应用更加普及，从投标人行为上判定围标、串标，将有可能彻底根绝这一长期存在的隐患。

（12）过去某次投标的 IP 地址重复，导致两个投标人已经被关联上。在新的项目招标投标过程中再次同时投标，系统提示关联。

## 废标清单须谨记

下面对交单的头号大敌——废标问题集中进行归纳说明，请记住两点：其一，不论纸质投标还是电子投标，规范性文件中关于废标的规定都是适用的；

其二，电子标虽然不需要投标人编制纸质文件，但纸质投标文件编制过程中导致废标的情形，在编制电子投标文件时仍然需要加以规避。

最易废标的事项（如表 4–1 所示）是我们通过大量调研访谈，以及对投标文件的错误进行系统总结后提炼出来的，供大家参考。

**表 4–1　最易废标的事项自检自查表**

| 废标点 | 备注 |
|---|---|
| 特殊形式的证明文件未按要求手动签章后再扫描放入投标文件 | 比如：原厂商授权书 |
| 格式不符招标平台的规范要求（文件格式、文件大小） | |
| 未按照要求使用电子印章 | 电子印章分全部和单独用印 |
| 上传的电子投标文件未加密 | 生成加密文件和不加密文件 |
| 电子投标文件加密方式不符合要求 | |
| 投标人递交的已标价工程量清单 XML 电子文档未按规定记录软硬件信息 | |
| 投标人递交的已标价工程量清单 XML 电子文档记录的软硬件信息经电子招标投标交易平台验证认定为被篡改 | |
| 投标人未在规定时间内上传电子投标文件 | |
| 网上开标未提前注册授权人信息 | |
| 网上开标未提前注册授权委托人信息 | |
| 网上开标未及时更换授权委托人信息 | |
| 网上开标未及时更新项目业绩信息 | |
| 与其他公司的电子投标文件由同一电子设备编制、打印加密或者上传 | |
| 投标人没有交或者少交投标保证金 | |
| 投标保证金未在规定时间内汇入指定账户 | |
| 投标保证金汇入到非指定帐号递交 | |
| 投标人不满足招标文件规定的投标资格 | |
| 投标人提交的资质证书有效期不满足投标有效期 | |
| 不同投标人投标文件的实质性内容存在两处以上细节错误一致 | 电子标评审更易发现 |
| 标书中有明显可验证的抄袭现象 | 电子标更易发现 |
| 投标函、授权委托书等声明文件未签字或盖章 | 留意“签章” |
| 投标总报价超出项目最高限价和预算 | |
| 投标人的资质和业绩合同有造假行为 | |
| 投标人填报的项目经理等人员身份资历有伪造 | |
| 标书中出现所指投标对象非招标单位 | |
| 投标人采购第三方产品缺少授权委托书或过期 | |

续表

| 废标点 | 备注 |
|---|---|
| 投标文件技术方案和应答有重大偏离 | |
| 投标人产品样品有明显技术缺陷或偏离 | |
| 投标文件有章节上的缺省 | 标书响应不完整 |
| 投标文件未按要求加盖齐缝章 | 盖得不标准也不行 |
| 投标人未按时登录交易平台，使用CA锁，在线完成签到、解密、签章 | 撤销投标文件，投标作废 |
| 电子投标文件解密失败或上传超时 | |

交单阶段，投标人还应关注的细节和事项有如下六点：

（1）投标人应关注平台公告，避免因递交时间或加密方式不符合要求而导致投标文件无效；

（2）工程量清单XML电子文档格式要进行验证，检查内容是否有漏项，转为PDF格式要认真检查是否存在导出错误；

（3）按照交易平台的指引，除了制作文本格式的投标文件外，交易平台为了在开评标阶段提取关键数据，通常会要求投标人在投标文件编制工具中同时填写结构化表单、进行条款关联等操作，并按照要求完成；

（4）牢牢记住加密时输入的CA密码，该密码也用于解密；

（5）公司通常会有多把CA锁（含备用），不能用错；用哪个CA锁报名，开标就用哪个；

（6）一旦报名网站变更，需要重新注册。

## 公示经得住质疑

能以第一候选人身份走到中标公示这一步，应该说在交往、交情、交心和交底的每一阶段，已经获得了成功，但仍不能有丝毫的大意。近年来，在开标和公示期中标候选人被质疑，项目推倒重来或遭到反转的案例不胜枚举。尤其是排名第二第三的中标候选人是质疑成功的直接获利者，他们的质疑愿望最为强烈，质疑的态度最为坚决。所以，在交单过程中，过不了中标公示这一关，依然会前功尽弃。而对未走到交单这一步的公司来说，这是逆袭反转、绝地重生最后的救命稻草，没有不放手一搏的理由。可以说，交单的过程就是质疑或被质疑、投诉或被投诉的过程。

**案例** 2022 年 8 月，某医院生物实验室（细胞房）生物安全柜采购项目公开招标，预算金额为 308 万元，递交投标文件截止时间为 2022 年 8 月 17 日 8 点 30 分。评标结束后，A 供应商被淘汰出局，该公司对此结果强烈不满，在法定期限内迅速向采购人提出质疑，因采购人未支持他们提出的要求，A 供应商对质疑答复不满，遂向采购人本级财政部门提起投诉。其投诉事项为：代理机构未允许其对《开标一览表》的报价失误作出澄清、补正，致使其未通过符合性审查，这一行为剥夺了该公司的投标权。其事实依据为 A 供应商失误将《开标一览表》的报价漏写了一个“万”字，误写为“叁佰零捌元整”，实际为《招标文件—货物总清单报价表》中的“叁佰零捌万元整”。A 供应商在看到开标一览表的失误后，当即与该代理机构表示失误漏写了一个“万”字，要求澄清、补正（开标时间为 8：30，项目解密时间为 1 小时，也就是项目解密时间截止至 9:30 分；该公司 8：55 分打电话要求澄清、补正），但该采购代理机构以招标文件规定“开标一览表与投标文件不一致的以开标一览表为准”为由，要求 A 供应商澄清投标文件报价为“叁佰零捌元”。A 供应商表示无法以“叁佰零捌元”的价格签订合同和履约，随后代理机构表示要将 A 供应商投标文件做无效投标处理。财政部门调查后认定，该项投诉事项缺乏事实依据，投诉事项不成立。（来源：《今日招标采购》2024 年 4 月 7 日）

这个著名的案例有两个关键点：一是《开标一览表》的报价漏写了一个“万”字，但《货物总清单报价表》并没有漏写，是完整的报价。那么，投标文件正文与开标一览表不一致，能否以投标文件的正确写法为准来补正开标一览表上的错误？这也是质疑人认为他们有理的地方；二是采购代理机构要求A供应商澄清投标文件报的“叁佰零捌元”的价格如何能完成合同履约？A供应商更是气不打一处来，明明知道是报价漏写了，按照漏写的金额怎么可能履行合同，这不是故意找茬吗？A供应商坚信自己受委曲了，一次次往高处投诉，直到财政部。

案例公开发布后，一时议论纷纷，有不少供应商占在A公司的立场，认为这样明显的漏写错误应该允许改正，况且投标文件正文没有错误，以正文为准补正开标一览表合情合理。其实这种观点忽视了一个问题，开标时唱标应以《开标一览表》为准，这是有法律依据的，没有开标一览表出现错误，再依照其他文件的说法。可是投标文件正文是正确的，能否作为修改一览表错误的依据？不可以，一览表上填写的信息，不能以任何理由进行修改补正，只能进行澄清，这里的要点是，澄清是允许供应商就现有报价能否完成履约进行说明，而不是修改数字。若A供应商能提供第三方的材料证明漏写了“万”的报价仍然是能完成合同履约的，且得到评标委员会的采信，那他是有继续参与评审的资格的。问题是，A公司无法证明这一点，反而把矛头对准采购人，将自己看成受害人，这就把问题弄颠倒了，采购代理机构的操作没有问题。A供应商本以为可以成为中标候选人的，没想到参与专家评审的资格都被剥夺了。

由此可见，无论是开标时段还是中标公示期，竞标企业觉得对自己不公，发起质疑和投诉是参与供应商的合法权利，但若事实和法律依据掌握不准，理解不透，盲目质疑，得不到招标人和行政监督管理机构的支持，反而会陷入更大的被动，不仅丢标出局不可改变，还会影响到后续项目的投标情形和中标前景。在中标公示期如何质疑对手或者回复对手质疑，需要把握如下几个关键要素：

**（1）处理好与招标人（招标代理公司包含其中）的关系。**

我把质疑（包括投诉）分两种，一种为对抗式质疑，另一种为协商式质疑。对抗式质疑是将自己置于与招标人的对立面，协商式质疑是与招标人协商起来共同应对复杂的局面。公示期被竞争对手质疑时，招标人一般会及时把信息反馈给中标候选人，让中标方协助提供答复质疑的依据，这个时候，招标人与中标候选人的利益是一致的，除非质疑人证据确凿，铁证如山，招标人是不希望推翻现有中标结果的。

**（2）找准质疑事实依据，透彻理解法律条文。**

目前，供应商、投标人质疑投诉难以胜诉的最大因素，是自以为寻找和发现的事实依据是否能得到足够的法律支持理解不到位，对法条了解、熟悉程度远远不够，这也是当下绝大部分企业普遍存在的短板。

试分析下面案例：

某央企发布的一份招标文件里商务分评审标准如下：

商务符合度：根据回应文件对征集文件要求的符合程度评分。

合同符合度：根据回应文件对我司标准合同文本的接收程度评分。

供应商年度综合评价：根据应征单位在太保上一年度供应商考核情况进行相应打分。

商务报价：根据经评审委员会确认满足比选文件要求的有效应征单位的价格进行评分（最低价为基准价）。

或许绝大部分企业阅读了上面内容的猜测是有“内定”，要不就是招标人对工作太不负责，敷衍了事。某著名科技巨头参与了竞标，分析招标文件后觉得不能体现出公司的综合优秀，或许会让小企业钻了空子。针对这一部分内容，有可以质疑的事实依据吗？若熟知国家政策法规，还真能找到想要的法条。

质疑函节录：

事实依据：本项目招标文件规定技术和商务权重分别占满分100分的70%和30%。但在商务部分和技术部分的评审要素中，存在规定模糊且无任何量化指标的问题。商务部分共有三个评审项，第一项多少得分，没有具体的规定，评审的依据和标准也没有明确详细的说明，评标专家的自由裁量权过大，不利于保证评标质量。

结论：招标文件明确规定了该项目采用综合评分法，分值没有任何量化规定违背规范性法律文件的规定。

法律依据：

（1）根据《中华人民共和国政府采购法实施条例》第三十四条的规定："综合评分法，是指投标文件满足招标文件全部实质性要求且按照评审因素的量化指标评审得分最高的供应商为中标候选人的评标方法。采用综合评分法的，评审标准中的分值设置应当与评审因素的量化指标相对应。"

（2）根据《政府采购货物和服务招标投标管理办法》（财政部令第87号）第五十五条的规定"评审因素应当细化和量化，且与相应的商务条件和采购需求对应。"而项目完全没有细化和量化。

该份质疑函得到了采购人的认同，该项目招标文件收回，招标中止，待招标文件修订完成后重新招标。这样的质疑就起到了该起的作用，项目能够按照我方想要的方式运行。

重新招标后，招标文件的评审标准变得精细，商务条款和技术指标量化具体，这家优秀公司生产的设备完全满足得分条件，以最高分中标。

# 交账：回款的技巧

交账是“六交到账”深度营销理论的收关阶段，是项目成功中标签下合同，进入到施工期、供货期和服务期后，营销经理配合项目经理稳扎稳打，按合同约定如期收回合同款项，确保公司财务利益和个人回报的阶段。

各公司在召开年底营销工作会议时，回款越来越成为绕不开的话题，公司会把收回欠款当作营销经理们年关期间的头等大事，这也恰是他们的“头痛”大事。在深度营销的思维里面，顺利交单不等于顺利验收，更不等于利润到手，只有顺利交账才能说大功告成，才符合项目全生命周期和目标管理的管理理念。有的项目按合同测算有可观的利润，公司上下欢天喜地，最后变成利润为零，经理们提成落空，愁眉苦脸。好端端的项目利润是怎么“变没”的呢？一个重要原因就是付款阶段没能及时收回货款或服务费，一拖好几年，结果利润被拖没了。项目利润只有按合同付款周期准时回收才能成其利润，否则正数变负数，辛苦做项目卖产品，不仅不挣钱还亏损欠账。延期，无论是乙方交付延期还是甲方支付延期，与人体划开了口子失血同理，拖延时间一长，必定是血尽人亡。因而，交账，从项目管理上看，是项目生命周期的守护；从财务上看，是公司利润的来源；从项目经理看，是职责所系更是个人收入保障。它要求每一个参与人员兢兢业业，孜孜以求，才会使“六交到账”功德圆满。《墨子·修身》里说：“事无终始，无务丰末。”意思是当一件事情没有实现预定目标之前，要集中精力，心无旁骛，不要被旁门左道的枝节所干扰。

营销转型到了深度营销的层面，怕的不是甲方欠账，怕的是企业面对欠账一筹莫展。在项目回款上，营销管理首要的责任是制订预案，防止欠款的发生，并在项目实施全过程中由项目总监来总调度，以确保回款的及时性。当欠款情况发生后，需要有追讨欠款的方法和技巧。交账，此之谓也。

**其一，维护自身权益，该出手时就出手。**

若乙方无违约行为，完全按合同约定的标的、质量和时间交付工程、产品和服务，甲方自身原因导致无法付款，合同款成了死账。这个时候，要敢于并善于用法律的武器保护自身的权益，应毫不犹豫地提起诉讼。同时，在网络媒体高度发达的当下，利用媒体资源给甲方施加压力，博得社会舆论的支持与同情，此举可与诉讼行为同步进行。

**其二，掌握甲方付款流程与方式，争取到优先地位。**

我培训过的一家电力设备制造企业，几乎每年都会遇到不按时回款的情况，但基本都能处理好，没有出现死账的情况。该公司总经理向我介绍说，营销人要充分了解甲方的付款时间和付款流程，一定要在付款前的关键节点做好工作，过了这个时间点，再去讨要甚至争执都不会有什么效果。譬如说四月份甲方按合同进度和紧迫性有十笔款要付，但是它现有的支付能力只能付五笔款，余下的只能延期到五月或者六七月，甲方在报批前会选择五家出来，每到这个节骨眼上，这家公司的营销人员总能出现在甲方面前，人到、话到、承诺到、笑脸到，他们总能排进前五位。

我想顺着这个总经理的话，问问企业的项目负责人：为什么客户付款排前列的不是你？这个时候能顺其自然、由着客户安排吗？项目中了标后，营销人转移注意力去盯新项目去了，对客户远没有中标前那么热情周到了，项目实施人员见到客户也是躲着走，这些表现客户都会看在眼里记在心里，他不拖你的账拖谁的账？

**其三，验收环节抠得紧，文件档案整得齐。**

有部分项目的回款难，责任不全在甲方，自身工作不细致，项目资料丢三拉四，验收报告拿不到，交账只是痴心妄想。贵州省贵阳某建筑工程公司的总经理王维很有交账的心得，他有一套完整的交账流程，并编成了口诀，在清华总裁班上，他现场分享了摧款人员人人会背的口诀：

摧款交账，我之天责；项目清单，随时归档；签字盖章，专人督办；付款材料，天衣无缝；及时汇报，对症下药；客户抱怨，笑脸接纳；验收报告，拿到手中；有苦就诉，博得同情；有难就上，获得好感；有功就报，得到称赞；抓紧回款，落袋为安。

**温故知新**

小练习

1. 多选题：在交底阶段，通过项目筹备期动态捕捉和技术方案上的交流与研讨，营销人要获得哪些底牌？（　　）

A. 决策底牌　B. 竞对底牌　C. 价格底牌　D. 技术底牌

2. 判断题：“交单的过程就是质疑或被质疑、投诉或被投诉的过程。”你认为这句话是对的还是错误的？对的打“√”，错误的打“×”。（　　）

3. 思考题：在当前这个信息大爆炸时代，物质生活特别丰裕的时代，作为营销人员，你认为初次见面让客户对你念念不忘应该怎么做？

______________________________

______________________________

______________________________

# PART 5 | 第五章 |

# L：规则营销转型

本章金句

◎ 中标最隐蔽的奥秘就藏在规则里。

◎ 赚政策的钱，光明磊落，大大方方。不需要搞“潜规则”，更不用担惊受怕。

◎ 规则是营销成功的最新赛道。

◎ 政策红利当空照，几家欢乐几家愁。

# 向规则要中标率

PLT 营销模式负责兜底的是第二个字母 L（Law）——规则营销，它是时代赋予企业的历史性使命，是市场营销学在今天这个时代焕发出的新的生命活力，是企业市场营销部门的必修课。采购招投标的一切流程由规则决定，项目中标的奥秘就藏在规则里。营销向规则转型，比以往任何时候都要急迫和重要。

## 规则给营销托底

几年前，我应邀去沿海地区某大型国企授课，采购中心负责人和我交流时谈到，本就是低价中标法评审出来的中标人，但领导明确指示说，中标价格不能作为合同签署的价格，还得再往下谈，并坚持认为采购部的工作就是降低成本，商务谈判的目的就是杀价。

按照领导的意图，采购中心联合合同管理部与中标供应商再次进行谈判，供应商本就是贴着成本报出的价，再让就得亏损，但又不想放弃此次合作机会，迫不得已，只好一脸苦笑的签了合同。

中标人为何不据理力争呢？在甲乙双方商务谈判博弈中，中标人作为乙方，居于劣势地位，他们害怕不同意甲方条件会被剔出局，即使勉强签了合同，又担心会被甲方“穿小鞋”。这导致相当部分企业在谈判时，一味退让，少亏当赚，许多中标人不知道遇到这种情况，是有法律手段可以保护自己的合法权益的。

经公示确认后的中标价，具有法律上的严肃性，应该与合同签署的价格保持一致。换句话说，具有精确预算资金的货物和服务类项目，合同谈判时是不能对价格进行再次协商谈判的，且招标时确定的质量标准、规模或数量，合同谈判时也不能随意改变。

《招标投标法实施条例》第四章第五十七条：

“招标人和中标人应当依照招标投标法和本条例的规定签订书面合同，合同的标的、价款、质量、履行期限等主要条款应当与招标文件和中标人的投标文件的内容一致。招标人和中标人不得再行订立背离合同实质性内容的其他协议。”

根据上述条例，“不得再行订立背离合同招实质性内容的条款”中的“实质性条款”，准确描述就是招投标过程中确定下来的“标的、价款、质量、履行期限”等不得偏离的响应条件，合同谈判只能是对非实质性内容进行细化和补充。

对招标人来说，若是有准确预算的货物和服务类采购，譬如采购办公用品、机器设备、物业服务，中标价格不能用谈判手段来逼中标人让价。要想得到理想中的最低价格，符合规则的正确的解决之道是，在招标文件的条件设置中就挤掉可能的价格水份，让最低价胜出。两种最有效的办法：一是在招标文件里设置总价和分项“最高限价”，把某些供应商哄抬高价的心思打掉，一台电脑采购限价 4000 元，超过 1 分就得废标；二是在评分标准设置时采用最低中标价法，有效报价最低者中标，投标人的报价必然下跌。

工程类项目一般也是不能进行价格谈判的，但以暂估价方式招标的工程类项目，情况有其特殊性。因工程量和预算资金不能如货物类和服务类项目那样精确，使得中标价格在一定范围内有弹性空间和变动的可能，即使合同签署完毕，在项目执行中，有时也有通过补充协议进行调价的必要。但这依然不是对中标价格随意改动的依据。因为中标价格的变动是以设计方案和工程量变化为前提的，得有书面材料来佐证项目确实进行了一定程度上的调整。即便如此。调整幅度也不能超过原中标价格的 10%。

对中标人来说，规则在这里直接起到了保护投标人合法权益的重要作用，若因为害怕甲方的权威而在他们面前退缩，不敢以规则为基础据理力争，只能说明投标人的规则营销意识还没建立起来。

## 向规则要中标率

向规则要中标率，是我们关于营销向规则转型管理思想的终极答案。

招投标交易方式作为市场经济的产物，其存在的价值与功能就是为市场交易制订规则，用来规范和约束市场交易各主体的行为。在政府采购里面，它还体现出国家意志和政策导向。国家强调要重视民营经济，那在政府采购与招投标里面就要排除一切歧视民营企业的行为，做到一视同仁。规则时代，“一言堂”“一支笔”已经过时了，尤其是在国家投资项目和政府采购领域，立项、招投标及合同管理日趋严格，明面上的规则已成为谁都不能忽视的红线。

据不完全统计，自《中华人民共和国招标投标法》和《中华人民共和国政府采购法》实施的二十多年来，我国各相关行业出台的采购与招投标相关法规和政策文件就有三百多份，2024 年以来发布的重要政策文件就有：国务院办公厅《关于创新完善体制机制推动招标投标市场规范健康发展的意见》（国办发 2024 年 21 号令）、《招标投标领域公平竞争审查规则》（国家发改委 2024 年 16 号）、《政府采购合作创新采购方式管理暂行办法》（财库 2024 年 13 号）等，地方规定如北京市住房和城乡建设委员会《北京市房屋建筑和市政基础设施工程“评定分离”管理办法（试行）（征求意见稿）》等等，更是纷纷出台。这些法律条文、政策规定如一条红线无形中制约、规范、影响着甲乙双方的市场行为。

老祖宗说“没有规矩不成方圆”。市场竞争的规则可以说就是“规矩”。

规则既是项目方的采购、招标、财务、审计人员始终牢记于心的红线，更是企业投标人中标拿单的最高准则，中标最隐蔽的奥秘就藏在规则里。

学政策能开窍，向规则要中标。招投标的特性就是市场交易的法律化和营销的规则化，熟练的掌握规则并巧妙的利用规则，是决胜招投标的终极法则！招投标作为规则的游戏，通晓规则的公司必然会成为招投标战场上的常胜将军。我认为，今天及未来的营销工作，核心就是研究规则。它是每一个营销人都必须攻克的时代课题。

## 独有的制度体系

招投标人建立起规则意识，首先得了解我国独有的采购与招投标制度体系。它是招投标人必须学习、领会的基本技能。

自 2000 年 1 月 1 日《招标投标法》正式实施以来，依法开展的招标投标活动对保护国家利益、保证项目质量，促进公平竞争，推动企业管理变革等方面发挥了不可替代的作用，产生了深远的影响。2003 年，国家又颁布实施了《政府采购法》，针对政府采购的适用性专门立法，与《招标投标法》配套使用。

经过二十多年发展，我国独有的招投标管理制度体系已经完成，我把它归纳为“两线四级”，弄清楚什么是“两线四级”，其重要性不言而喻。

两线：即政府采购线和非政府的企业招投标线。

**（1）政府采购线。**

即由财政部作为国家主管部委负责制订政府采购的法规政策，管理全国各级公共资源交易中心，并监督执行。例如，财政部出台的《政府采购质疑和投诉办法》（1998 年 94 号令），它就只能规范政府采购项目的质疑投诉行为，企业的招投标项目中的异议和投诉，可以参考借鉴，但不能直接拿它作为法规来约束招投标中的行为。否则，就是法律适用不当，而这一点，恰恰在企业市场竞争中经常遇到而相当一部分企业未能厘清的。

**（2）企业招投标线。**

即非政府采购的国家投资和国有企业招投标项目以及其他招投标活动，由国家发改委作为牵头部委并联合行业主管部委共同制订招投标法规和政策，实行对市场交易行为的行政管理职责。例如，国家发改委出台的关于依法必招的政策文件《必须招标的工程项目规定》（1998 年 16 号令），就是针对工程和与工程相关的货物及服务招标的强制性规定，无论是政府采购还是非政府的企业、事业单位的招投标，只要是工程类及与工程相关的项目类型，都得依照“16 号令”执行。而政府采购和企事业单位的采购，属于货物和服务类的，则以其他相关规定为准。值得注意的是，“16 号令”对其他的非工程项目没有任何约束力。

除了极少数综合性跨行业企业外，绝大部分企业都是扎根某一领域的专业化公司，华为公司如此之大，它也只做电子通信等信息化行业。中建、中铁、中交等这些工程行业庞大的国家队，尽管不再限制传统的城市住房建设、铁路建设和公路港口建设，但仍是聚焦于工程建设领域，仍可以称之为专业化企业。

国家的行政主管机构行使对应管理职能，负责制订职能范围内的招投标管理规定并监督其竞争行为，每一个企业都必须了解所在行业的规则。如现代制造业与信息化建设，在新质生产力时代，无疑代表国家的未来和方向，项目众多且具有技术性、创新性特质，在招投标应用上也具有特殊性，行政主管部委为工业和信息化部，出台有针对性的规则文件如《通信工程建设项目招标投标管理办法》（工信部 2014 年第 27 号令）等，参与工业产品与信息化项目的竞争，就得关注、学习并掌握这些规定的要义。从事银行、保险、证券、信托及资产管理等金融服务行业，除了国家的政策法规外，本行业的规定也极其重要，如财政部专门颁布有《国有金融企业集中采购管理暂行规定》（财金 2018 年 9 号令），它就是金融领域招标人和投标人必须共同遵循的制定“游戏规则”的“尚方宝剑”。上述这些部委发布的任何一份与采购招投标、市场环境与公平竞争等相关的法规和政策文件都是在本行业内经营的企业必须第一时间关注的重点。

有人会说，从理论上讲能接受关于市场竞争规则化的观点，但实际情况并非如此。某些地区、某些行业，没有那么多规则，做项目全是靠“关系”，甚至是无底线的乱来。这种认识是极其片面的。

第一，这说明有些公司被一些表面现象迷惑了，没有看到人际关系后面规则仍旧发挥着不可替代的作用，没有看到竞争对手在具有良好的客户关系的同时，同时还有强大的综合实力和投标智慧。

第二，这说明有一部分企业对国家的法律政策了解不够不深，不能识破招标人和竞争对手在招投标过程中的违规行为。

国家的法律法规，在某些地方某些项目上，可能会走样，这也是市场经济的常态。懂得了国家的法规，就可以拿起法律的武器，维护自己的权利。近年来，质疑投诉后项目流标重新招标，投诉人反败为胜的事比比皆是。因此，下面的要点请一定牢记在心：

- 你所在的行业和地方不是没有规则，只是你还不了解这些规则；
- 你参与的某个项目一定有针对性的规则应用，只是使用规则的人是如何操作的，你完全不懂；
- 了解、学习、掌握并能灵活应用国家越来越细致的法律条文和政策文件，是新质时代企业营销管理和营销运营是否转型成功的标志。

## 项目是规则的产物

为什么有些企业会认为国家的法律法规离项目实际很远，对规则营销不上心呢？是因为他们误以为法律条文是空洞的概念，与实际情况对不上。其实不然，项目是规则的产物，招投标全流程的每一个环节和步骤背后，都是规则在提供支撑。规则营销绝非死记几条概念名词，而是要读懂招投标过程中每一个规定和条件设置背后的奥秘，规则营销的要义全在于运用。

**案例**

Q 公司是总部在中关村科技园区，具有全球影响的一家大型民营 IT 企业。近来，公司除了基础数据 TOB 业务外，不断开拓 TOC 业务版块，他们从兄弟公司那里获知某资源垄断性央企正在准备对集团的大数据建设进行招标，仅“容灾管理中心”就要在黑龙江和云南建两个矩阵，系统规划十分庞大。

这正是 Q 公司的业务方向，客户经理很兴奋，跟技术支撑工程师做了大量的方案设计和准备工作，还查阅了许多最前沿的资讯，专门做了一个整体框架设计。初步的方案介绍，得到了经办人员的认可。

然后经办员将方案提交给主管。经审阅后，主管也基本上认可这个方案，随即向上级部门提交。过了一段时间，客户反馈说，你们做的这个方案非常好，能不能帮我们做详细一点，以便我们上报到政府的财政部门做预算。到这一步，Q 公司的客户经理觉得有 80% 的底了。

随后，一路顺利，到招投标阶段，业主说不用公开招标，有意向采用竞争性谈判方式，邀请三家 IT 企业参加。甚至主动来商量，怎么设计不让第四方或者更多的人参与进来。整个过程十分顺利。Q 公司客户经理心想：看来这一次要笑到最后了。

没想到仅仅过了几天，却传来一个惊人的消息——项目被政府接手了，要求按公开招标方式处理，竞争性谈判方式被否定了。

待拿到正式的招标文件，Q 公司客户经理发现标书内容发生了很大变化，业主委托了一家新的招标代理公司，这家招标代理公司Q公司以前从来都没有接触过，加之时间非常短，与代理公司沟通不充分。开标时间一到，Q公司代表带着投标书到达现场，发现竞标单位变成四家，当地有一家有实力的科技公司也参与进来了。

很快，中标结果就出现了。很遗憾，中标的是半路杀出来的本地科技公司。

这个案例成败得失需要总结的点很多。第一个阶段，投标人的客户关系做得非常到位，“六交到账”的理论做到了“四交到底”，实现了客户主动接受甚至委托Q公司来设计方案的目标。但是为什么后来出现问题了呢？实际上就是规则理解和应用能力不够，在项目由竞争性谈判改为招标方式后，需要由代理公司来操作，且投标人数会增加，评标专家也完全不是之前的人，项目的不确定性增加了，而Q公司没意识到这一重大变化，还以为项目尽在掌握。其实呢，项目已经失控了。

规则就像魂灵，潜藏于招投标人的心灵深处；规则如同空气，在招投标全过程中无孔不入，无处不在。

# 抢抓政策大红利

## 中小企业生存手段

市场经济不是纯粹的自由经济，它是有主导力量的。政府采购与招投标通过规则与政策的制订，发挥着重要的导向性作用，强制性规范市场参与者的行为。规则是制订政策的依据，政策是规则的指导性落实和针对性应用。对营销人而言，规则营销最紧迫的任务就是抢抓政策红利。

抢抓政策红利是规则营销的特殊优势。其要义是，对国家最新针对项目投资、公平竞争、采购需求等方面出台的政策文件随时关注，保持高度敏感，有国家法规和政策加持的项目加积极主动地介入参与，将政策红利用透用足，确保能分到红利蛋糕。这是市场竞争环境恶劣背景下，中小微企业重要的生存手段。对国家政策红利不敏感、不理解、不利用，在特殊优惠政策面前漠然视之，这是当前企业在规则营销上需要突破的管理短板。

政策红利通俗表达就是跟紧国家战略目标，充分利用国家政策扶持来增加项目中标率，快速壮大公司，实现公司利益增长。国家法规政策都是公开透明，一视同仁的，符合条件就能享受政策照顾，得到其他企业得不到的特殊利益。这是光明磊落的，不需要搞“潜规则”，更不用担惊受怕。

## 政府采购扶持政策

在市场经济环境下，大企业尤其是垄断性企业具有巨大的空间优势和压倒性竞争能力，某些行业头部企业对市场的垄断达到了惊人的程度，中小微企业常常被大型企业挤压得无立锥之地。全球民用无人机市场，来自中国的大疆公司占据了全球商用无人机70%的市场份额（数据来自“前瞻经济学人”）。如果现在想进军无人机市场，若没有更好更优的技术革新，几无可能。

庞大的新能源汽车市场，最多也就十个公司有存活机会（如图5-1所示）。

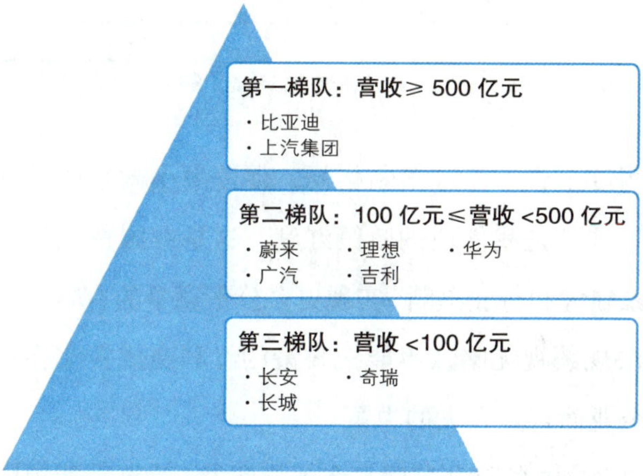


图 5-1　2023 年中国新能源汽车竞争梯队

其中，比亚迪汽车越来越显示出一枝独秀的特性，市场垄断性逐年递增。请看 2023 年的数据（如表 5-1 所示）。

从公开的数据可知，比亚迪的增幅超过 50%，境外更是数倍增长，市场占有率达到恐怖的 70%。

以迭代性创新产品在一定时间段垄断性占领市场，这是新质生产力时代经济发展的正常现象，是难以避免的。

表 5-1 2023 年比亚迪汽车产销量

| | 产量 | | | 销售量 | | |
|---|---|---|---|---|---|---|
| | 本报告期 | 上年同期 | 与上年同比增减 | 本报告期 | 上年同期 | 与上年同比增减 |
| 按车型类别 | | | | | | |
| –乘用车 | 3,033,662 | 1,875,554 | 61.75% | 3,012,906 | 1,796,625 | 67.70% |
| –轿车 | 1.610,694 | 979,870 | 64.38% | 1,599,360 | 950,515 | 68.26% |
| –SUV | 1,300,396 | 869,473 | 49.56% | 1,292,397 | 826,101 | 56.45% |
| –MPY | 122,572 | 26,211 | 367.64% | 121,149 | 20,009 | 505.47% |
| –商用车 | 11,569 | 6,115 | 89.19% | 11,511 | 5,839 | 97.14% |
| –客车 | 4,705 | 4,870 | –3.39% | 4,705 | 4,742 | –0.78% |
| –其他 | 6,864 | 1,245 | 451.33% | 6,806 | 1,097 | 520.42% |
| 合计 | 3,045,231 | 1,881,669 | 61.84% | 3,024,417 | 1,802,464 | 67.79% |
| 其他分类 | | | | | | |
| 境外地区 | | | | 252,339 | 45,250 | 457.66% |

从增长率看，境外销售与 MPV 都出现了数倍的增长；从绝对值看，轿车依然是增长的主力车。

在一定程度上说，打破垄断格局，促进中小微企业生存发展，都离不开政府的扶持，这就是我们说的政策红利。这是中国特色社会主义市场经济条件下破除一家独大和行业垄断、实现更多公平竞争的有效方式。对国家导向性、倾斜性政策法规熟视无睹，不能把政策的红利变成实实在在的利益，对压力山大的中小企业而言是大大的失策。

2024 年 7 月，国务院办公厅发布关于印发《政府采购领域“整顿市场秩序、建设法规体系、促进产业发展”三年行动方案（2024–2026）》的通知（国办发〔2024〕33 号）再次明确：

“适用招标投标法的政府采购工程项目要全面落实政府采购支持中小企业政策，对超过 400 万元的工程采购项目中适宜由中小企业提供的，预留份额由 30% 以上阶段性提高至 40% 以上的政策延续至 2026 年底。”

2023 年 8 月，财政部发布《关于加强财税支持政策落实 促进中小企业高质量发展的通知》（财预〔2023〕76 号）明确：

“超过 400 万元的工程采购项目中适宜由中小企业提供的，预留份额由

30% 以上阶段性提高至 40% 以上的政策延续至 2025 年底。”

关于工程款支付的规定：

“将政府机关、事业单位、国有企业建设工程进度款最低支付比例由 60% 提高至 80%，鼓励有条件的项目推行施工过程结算。”

此前财政部 2022 年发布《关于进一步加大政府采购支持中小企业力度的通知》。指出：

“400 万元以下的工程采购项目适宜由中小企业提供的，采购人应当专门面向中小企业采购。”

此类政策文件几乎每年都有出台，明确表达了如下几层意见：

一是政府采购范围内，400 万元以下的工程采购项目、200 万元以下的货物、服务采购项目（金额各地政策可能略有不同），原则上全部预留给中小企业。不再进行招标。

这条红利意味着法定招标额度以下的项目，大型企业不得参与竞标，小微企业不用担心大企业以势压人，如同拳击比赛，你的竞争对手和你同属一个重量级，这个时候只要公司的技术能力不弱，投标能力出众，中标率就会大为上升。

二是对超过前述金额的采购项目，预留该部分采购项目预算总额的 30% 以上专门面向中小企业采购。

其中，预留给小微企业的比例不低于 60%。预留的采购份额在政府采购预算中单独列示，执行情况向社会公开。采购人或者采购代理机构在组织采购活动时，应当在招标文件或谈判文件、询价文件中注明该项目专门面向中小企业或小型、微型企业采购。

这条红利的意思是说，超过法定招标额度的项目，仍拿出 30% 的份额定向给到中小企业，其中 60% 的份额定向给到小型和微型企业，这是在政府主导下，无情的市场竞争中传来的有情的福音。

三是法定金额以下的项目不再走招标流程。

政策规定预算在400万元以下的项目，无论是工程采购项目，还是货物采购如办公设备，服务采购如数字化办公系统，或者税务规划、会计审计师等，都不用走招标程序。

这一条红利针对各地方各行业在采购工作中，随意抬高公开招标额度的做法。本来不需要招标的小额采购项目，如预算金额才10万元、20万元，完全应该采购更为简便、高效的非招标采购方式，但却一律采用招标方式，通过招标代理来操作，人为地将流程复杂化，无谓的延长工作时间。国家政策对此类行为进行明确制止，对采购人和供应商都是天大的利好消息。

有些企业对此仍有疑问，某些地方政府和行业自行出台的文件，要求10万元、20万元的项目必须得按公开招标程序，且一直都是这样操作的，那以后还执行吗？我非常明确地告诉读者朋友，这些统统属于各地各行业必须废止的“土政策”，是与国家统一大市场的建立目标背道而驰的。预算金额达不到规定额度的，应该一律采用其他采购方式。

四是大、中、小企业共同参与的项目，政策文件规定有小微企业证的企业在报价上享受10 ~ 20个点的优惠。

例如，某家招标代理公司在编写招标文件将价格优惠写成了6%，被投标人投诉后推倒重来。仍有营销人抱着旧思维，看不到国家政策带来的利好，固执地认为“上有政策，下有对策”，他所在地方政策不重要，“关系”才重要。我以为，是否落实到位是次要的，关键是得提升公司的政策水平，打通信息渠道。投标人不能只看到市场残酷竞争的烈度，看不到国家扶持政策的温度。

五是完善招投标的交易担保制度，降低交易成本。这也是一项要抓住的政策红利。国家政策大力推行投标担保，就是减轻企业交保证金的现金压力，对投标多、投标项目大的企业来说，每月可节省几百万元甚至上千万元的开支，效果非常明显。

## 大型企业应对策略

中小微企业的红利恰恰是大型企业的损失，此可谓“政策红利当空照，几家欢乐几家愁”。

第一种，400 万元以下项目非中小微企业自动失去竞标资格，这种情况下怎么办？有的公司采取的办法是在集团下面新注册一个小微企业，说白了还是那些人在做，只是换个名头，新注册企业的注册资金、业绩符合整体当地规定的小微企业的标准要求，这样就可以参与投标了。

不分大中小型企业，同等参与竞标的项目怎么想办法赢？下面几种方法供参考。

第一，看能否设置入门的门槛，也即在资格条件上做文章。政府采购放开资格条件，企业招投标仍是可以操作的。让特别没有实力，喜欢捣蛋搅局的公司失去投标资格，减少竞争对手。

第二，尽可能的降低价格部分在投标中所占的比重。比如工程设计项目归属于服务类，按照政府采购“87 号令”的规定，服务类的价格分可以到 10 分，也就说 90 分是技术和商务分，足以用技术实力压倒中小企业。

第三，把价格分拉低的同时，在基准价的设计上，选取以中间价为基准价。

第四，对超低报价进行限制。在评分标准里设置，以最高限价为基准，投标报价不能低于最高限价的比例。

第五，防止异常低报价。投标人如果是异常低报价，必须现场出具澄清函，若不能出具澄清函则报价无效。

第六，设置最高报价与最低报价不算有效报价的规则。当有效投标公司超过 7 个，最高报价或最低报价不计入平均值；若超过 9 个，则最高报价 2 个与最低报价 2 个不计入平均值，以此类推。

## 工程项目 EPC 主导

工程项目招投标由 EPC 方式主导，这是近年的一个新政策。EPC（Engineering Procurement Construction），可理解为项目总承包，设计、采购、施工一条龙，由一家中标人或者数家公司组成的联合体来完成。各省地市的重点建设项目，在 EPC 模式基础上，又往后延伸出 EPCO 模式，即设计 + 采购 + 施工 + 运营。它的红利在哪里呢？与前面讲到的面向中小微企业的红利相反，它是有利于复合性的、综合实力强的大型企业，尤其对“中”字头的工程建设集团和省市建筑龙头企业，是绝对大红利。

当前，我国工程建设全面进入 EPC+5G 时代，工程的全过程咨询服务也倡导能 EPC 的尽量 EPC，不要一个项目分很多包招标，不要让多个中标人分别与业主签合同。若仔细研究规则可以发现，EPC 项目中小企业参与竞争的唯一办法是组成联合体投标，在总额偏小的项目上分一小杯羹。可招标人拥有是否允许联合体投标的决定权。允许还是不允许，招投标的态势大相径庭，中标的角逐策略完全不同。所以说，营销人先要要熟悉规则，才能应用规则。

# 低价法应对策略

## 正视低价的现实

低价中标法是指在招投标过程中，以投标人的有效报价的最低者为中标候选人，它是区别于综合评分法的以价格为最优先考虑因素的招标方式。从招标人的角度，为了节省投资、降低成本，低价中标法无疑是有效的途径，因而，低价中标法一直是各类招标人最看重的中标规则，是政府采购货物和服务类项目的第一选项。

低价中标法往前多迈出一步，就变成恶意低报价，招投标逐渐演变成价格的博弈。某些项目竞争对手之间“杀红”了眼，报价明显低于成本仍“杀声一片”，直杀得“天昏地暗，血流成河”。有些招标人为了本位利益，对无底线低报价不加制止，还暗自得意，对恶意低报价愈演愈烈起到了推波助澜的作用。

我在本书第一章分析过恶意低报价这一市场顽疾和营销困境。在工程领域，有人将这一现象形容为“饿死同行、累死自己、坑死业主”，确实道出了无数招投标人的心声。尽管新质生产力时代已经来临，产业结构正悄然发生变化，高端制造业、现代服务业等领域对质量和品牌的要求越来越高，但低价中标法只可能规范不可能取消的背景下，投标人首先应该考虑的是如何应对项目竞标中低价优先的现实，并在一定程度上，或同等条件下争取主动，谋求成本之上的中标。

成本之上的低价策略，仍是营销转型中不可忽视的思考重点，我们反对的是践踏法律的恶意低价，却必须重视对低价策略的研究。在市场拓展期，拿下项目、做大市场与确保利润之间哪个更重要？显然，拿下项目获得案例属于优先级，适合低价的现实并学会运用低价的策略便是规则营销需要解决的问题。

## 入库与挑选策略

政府采购范畴的项目，几乎都有入库机制，要么是产品入库，要么是供应商入库。营销策略的第一步就是想方设法进入到供应商库里面，获得参与政府采购的资格，这样就自动排斥掉了未入库的企业。除了范围广大的各类生产制造性产品，如工业生产用品、办公用品、医疗设备等，即使如招标代理服务这类“小众”，也得先入库才有做代理的资格，贵阳日报传媒集团的招标代理机构入库机制就是一个生动的案例（如图 5-2 所示）。

**贵阳日报传媒集团、贵阳日报传媒集团有限公司招标代理机构入库比选项目比选公告**

发布时间：2024-04-22 08:40　　来源：贵阳网・甲秀新闻

**贵阳日报传媒集团、贵阳日报传媒集团有限公司招标代理机构入库比选项目比选公告**

为提高采购效率，进一步规范采购行为，根据业务发展的需要，贵阳日报传媒集团和贵阳日报传媒集团有限公司（以下合并简称为“集团”）拟公开选取3家及以上招标代理机构进入我集团招标代理服务供应商库。欢迎符合资质条件的招标代理机构踊跃报名。

图 5-2　贵阳日报传媒集团的招标代理机构入库机制

如图 5-2 所示这个案例，属于政府采购范围的单一业主自行建库，入库公司少，范围也小，只要入库成功就不愁没有业务。这种类型的低价中标法，起决定性作用的就是入库（或称入围），而不是一味杀价，价格标准在可控范围，这是最理想的状态。

另一种入库方式是公司多范围大，入库公司或者产品，就不一定都有业务了。例如：

> 中国青年报客户端天津 11 月 30 日电（中青报·中青网见习记者 余冰玥 记者 刘昶荣）今天上午，第四批国家组织高值医用耗材集中带量采购于天津开标，现场公布中选结果。共有 128 家企业参与此次集采，其中 126 家企业的产品进入拟中选名单。（来源：中国青年报客户端 | 2023-11-30）

上述案例让我们看到，2023 年第四批国家高值医用耗材 128 参与集采竞标，126 家公司的产品选中入库，价格已经通过了低价中标法的评审，属于合格报价了。接下来能不能接到项目，能接多少项目，变数就太大了。这个时候就需要营销人有积极的应对策略。

假设高值医用耗材每一批都是在 126 个左右，那么四批同类入库的产品就会近 500 种。在入库具备了资格的供应商和产品范围内，可以采用招标或者非招标的采购方式参与竞标。非招标采购方式允许在库里“随机挑选”不少于三家供应商或产品。随机挑选，这四个字就是可以做文章的地方，因为入库的供应商都是具备资格条件的，谁做都可以，且报价已经通过了审核，不用再次比价，或者采用的是固定价格模式，显然，这个环节的随机挑选没有评审时评标专家的随机抽取那么严格。选中谁作为谈判对象，与有没有客户资源、是否“三交到心”就有关系了。在这个阶段，客户关系是有发挥作用的空间的。

## 用低于成本反杀

若项目不属于提前入库的方式，而是常规的低价中标法，谁报价低便自然是中标候选人，工程、货物和服务类项目都会遇到此种方式。常见的困惑是，本公司的报价明明已经是低得不能再低了，甚至是比着成本报出去的，可一开标，对手仍比我公司报价低，有的还低很多。这种报价，我们要质疑它是不是低于成本的异常低报价。

比如：一家大型国有企业预算 500 万元的电脑设备采购项目，共有五个合格的投标人通过预审，唱标时各公司的报价有着天壤之别（如表 5-2 所示）。

**表 5-2　五个合格的投标人的报价**

| A 公司 | B 公司 | C 公司 | D 公司 | E 公司 |
|---|---|---|---|---|
| 485.23 万元 | 478.59 万元 | 124.02 万元 | 487.45 万元 | 462.19 万元 |

按低价中标法的中标规则，C 公司报价 124.02 万元，是理所当然的中标候选人，公示后没有公司提出质疑，C 公司顺利中标，业主很高兴，觉得捡了一个大便宜，因为预算省了近 400 万元。

但这个项目是经不住推敲的，五家公司报价的平均值是 407.49 万，C 公司的报价比平均值低了将近 70%，C 公司报价明显低于其他四家公司报价，有低于成本的极大嫌疑，可另四家公司没有提出质疑，C 公司中标也就没有障碍。

从规则营销的角度，这个项目可不可以继续操作并使中标结果发生改变？当然可以，且翻盘的可能性极大。

首先，谁应该最有动力提出质疑？无疑是报价第二低 462.19 万元的 E 公司，若招标文件明确是递补方式，那 C 公司出局，E 公司可以做顺位的中标候选人。

其他公司有没有质疑的必要呢？若招标文件明确不是递补方式，若质疑成功，则项目需要推倒重来，本次参与竞标失败的公司可参与下次竞标，就给自己多争取了一次机会。

规则营销在这一环节最大的失败就是不熟悉法律条文，找不准质疑点，结果是白忙一场。本项目的质疑点集中在中标候选人C公司的报价低于成本，其法律依据是《招标投标法》第三十三条：

“投标人不得以低于成本的报价竞标，也不得以他人名义投标或者以其他方式弄虚作假，骗取中标。”

这一法条清晰明了，针对性极强，明确规定投标报价不得低于成本，低于成本报价违背了招标投标法。

法律依据有了，下一个更棘手的问题，是如何确定事实依据也即质疑证据，只要质疑函证据确凿，评标委员会有义务重新评审并核实回复。

计算低于成本的基本方法是：

（1）物资类项目比方设备、产品，只要是正规的产品都是经过检验的，都能查到出厂价，低于出厂价就可以质疑低于成本。

（2）工程类项目尽管工程量难以统计，但项目招标方要求必须满足条件施工人员和基础的设备，是可以统计和计算的，以劳动力最低工资保障和设备采购出厂家为（EPC项目除外），报价比这还低就是低于成本。比方说市政工程老旧小区改造项目，一个小区招标方要求5个月完成，需要各类工人40人，施工所需设备和工具25件。这两项目的保底费用很容易计算出来。

（3）服务类项目仍是以人工劳务费为成本核算标准，其他忽略不计。比方安保项目需要30个岗位，两班倒需配足60个有保安员证且交纳了社保的保安员，60人乘上12个月，若每月每人所需费用的最低标准是5000元，一年的成本费用就是360万元。投标人不能解释说我公司部分员工没交社保，或者说我没配足需要的人数，或者说请了临时工，那不仅违背了《招标投标法》，还违背了《劳动法》和《合同法》，后果更为严重。

# 招采方式优先级

## 六种法定采购方式

国家法定采购方式分为六种，即两种招标方式和四种非招标采购方式，它是一切采购招投标交易行为最为基础的规则，无论何种项目，甲乙双方签订合同前，必须经过这六种方式的任一一种的流程（如图 5–3 所示）。

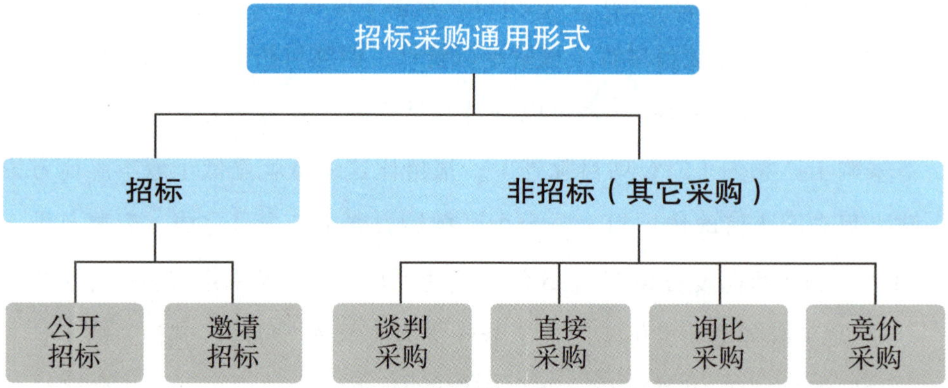


图 5–3　国家法定采购方式

这些年来，非招标采购方式有不同的命名，政府采购一直采用的是竞争性谈判、竞争性磋商、询价采购、单一来源采购的名称，各类企业还有些非规范的叫法，如比选、比价等，在 2023 年出台的《政府采购法（修订案征求意见稿）》以及2024年国资委、发改委出台的《关于规范中央企业采购管理工作的指导意见》（2024年53号文）等最新文件时，已将名称进行修订（如图5–4所示）。

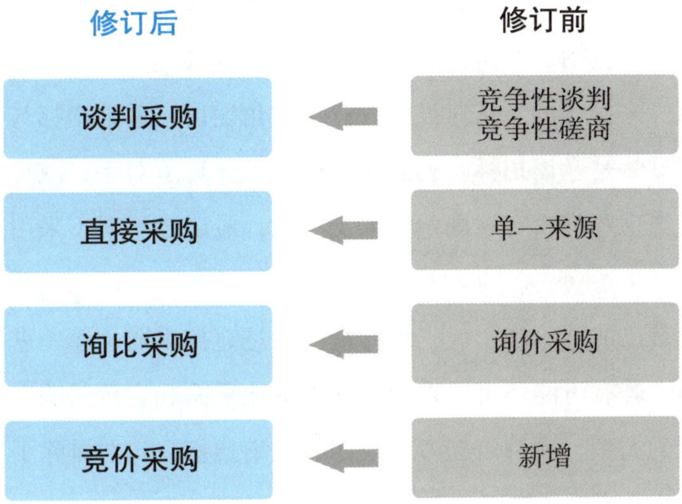


图5–4　采购管理名称修订对照

在规则允许的前提下，在一定的弹性空间内，让采购方式往对我方有利的方向走，这就是规则营销需要研究的问题。

我们需要把六种采购招标方式捋一下，排一个优先级。

在招标与非招标采购两大方式上，招标人权力更大，投标人更易产生项目影响力的是非招标采购方式。最佳的选择是直接采购（单一来源），这是甲方也乐意，更是乙方梦寐以求的采购方式。但满足依法必招条件的项目，必须强制性采用招标方式，这一点没有任何松动的可能。

优先级的第一级，是优先考虑项目有没有可能采用直接采购的方式，确定不符合直接采购条件，就应该考虑第二级，即谈判采购，因为新的谈判采购整合了之前的“谈判”与“磋商”两种方式，规则是允许采用综合评分法的。

谈判采购与招标不同，它的谈判对象是提前圈定的，若不能成为业主邀请的谈判对象，就失去了参与项目竞争的资格，公司实力再强大也没有用。

第三级是询比方式，相比谈判方式，它更加简单易操作。如果项目不符合非招标采购的条件，那就得采用招标方式了。

很多时候，人们把招标等同于公开招标，这其实是一个误区。国家规定的招标方式是包括公开招标和邀请招标两种方式的，符合条件的项目是可以按邀请招标来操作的。从对投标人有利的角度讲，邀请招标与公开招标，那个更好？显然是邀请招标。它能排斥掉大部分竞争对手，减轻本公司项目竞争压力。当这些都没有规则条例来支撑时，最后才不得不采用公开招标方式来操作。

由此得出的结论是：优先级的最高级是直接采购（单一来源），第二级谈判采购，若有可能还可以采用第三级询比采购和竞价采购，若项目属于必须得招标的类型，还可以先考虑第四级邀请招标，实在排除了所有可能性，最后才走公开招标的流程（如图 5-5 所示）。

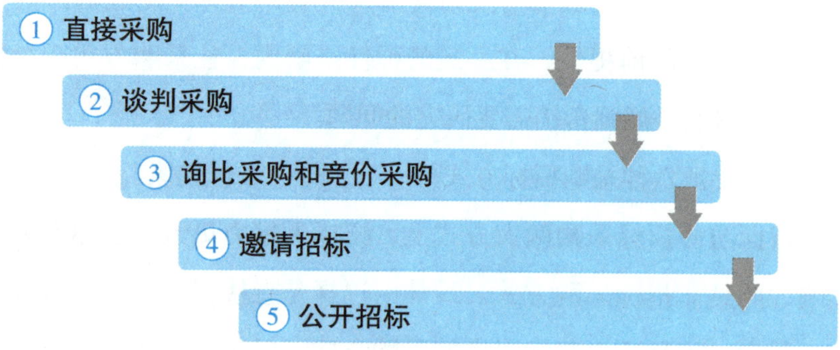


图 5-5　采购的优先级顺序

## 谈判采购适用条件

直接采购在下一节专门论述，这里先说清楚什么情况下采用谈判采购，其操作方式归纳为以下七种方式。

**（1）招标后项目流标。**

公开招标或邀请招标都有流标的情况发生。流标后若需要转换采购方式时，首选是谈判采购，它与招标方式一样具有竞争性，又比询比采购更能满足需求复杂或需求不明确的项目要求。

**（2）政府向企业购买服务。**

工程领域常提到一个概念 PPP（Public-Private Partnership）模式，也就是政府和社会资本合作，就属此类。它是公共基础设施中的一种项目运作模式，鼓励私营企业、民营资本与政府进行合作，参与公共基础设施的建设。

**（3）不确定详细规格。**

不能确定详细规格是谈判方式存在的主要价值所在。指的是采购人只有采购意向和目标，但对项目需求不明确，无法确定详细规格、规模、性能等专业问题，谈判采购方式通过技术交流与谈判的方式，由供应商协助完成采购的具体内容，营销能力强的供应商就知道紧紧抓住这样的机会。

**（4）紧急需要。**

直接采购也有紧急需要，不同的是，紧急的级别有区别。直接采购属于是最紧急的项目，谈判采购是次紧急的项目。

**（5）不能计算价格总额。**

与前述（3）相同，一旦出现采购方不能计算价格总额的情况，就是供应商的机会。

**（6）非必招工程。**

非必招工程不同于其他非依法必招项目，工程类项目若不采用招标方式，就应该采用谈判方式，除非特殊情况，一般不能采用询比、竞价、直接采购等方式。

**（7）创新性科研项目。**

在新质生产力时代，其重要性不言而喻。目前的问题是，在400万元以下的项目，采用谈判采购没有任何异议，400万元以上的项目能不能采用谈判采购？官方没有明确的说法，需要业主方有足够的定力，也需要营销人有规则引导的能力。既然国家政策未就此进行限制，那么，创新性科研项目突破400万元的标准，是完全可行的。

## 邀请招标的可行性

近年，规则营销有一个误区，即营销人在提前与客户技术交流和方案沟通时，完全忘了邀请招标的存在，将依法招标等同于公开招标。营销人应该提示合作伙伴，招标方式不仅指公开招标也包括邀请招标。

为什么在采招方式优先级排序中，邀请招标排在公开招标之前，就在于邀请招标的“邀请”二字，这是它与公开招标的不同之处，与非招采购的相同之处。邀请招标极大的缩小了招标的范围，客户只要理由正当，有邀请谁与不邀请谁的权力。未受到邀请的企业，自动失去竞标资格，从根本上杜绝了成千上万家公司一哄而上的乱象。若运作得当，客户邀请三家互不构成威胁的公司，有极大可能排斥掉构成威胁的竞争对手，用合法合规的方式把竞争对手排斥在招标范围外。显然，项目只要有按邀标方式操作的可能就要尽力争取，实在不具备条件才不得已到第五级。

《招标投标法实施条例》第八条：

国有资金占控股或者主导地位的依法必须进行招标的项目，应当公开招标；但有下列情形之一的，可以邀请招标：

规定可以采用邀请招标的几种情形：

（一）技术复杂，有特殊要求或者受自然环境限制，只有少量潜在投标人可以选择；

（二）采用公开招标方式的费用占项目合同金额的比例过大。

第一款，“技术复杂”与“有特殊要求”都有很大的营销想像空间，尤其是在新质时代，技术复杂与要求特殊才符合时代潮流，不复杂的技术和没特殊要求的业主，都会感觉落后于时代，拖了新质经济的后腿了。

第二款，营销人要发挥想像力的是，招标方式的费用占比在什么情况下会比较大？生产规格统一、技术质量标准化的项目，不存在招标费用过大的问题，只有创新性、实验性，地点分散、部件众多、集成难度大的项目，才有可能招标费用大。一个“智慧城市”打造项目，不仅有大量的大数据、云计算、区块链等新技术的应用，还有市政、社区、环保、道路交通等各方面分、子系统的接入，涉及面广，头绪众多，招标准备阶段的调研设计、模型实验、方案论证等花销就比较大。

关于招标费用多大可以邀请招标的准确描述，可参照工信部 27 号令第二章第六条：“采用公开招标方式的费用占比项目合同金额的比例超过 1.5%，且采用邀标方式的费用明显低于公开招标方式的费用的”，以此为据，当下各类新基建、场景应用招标项目，占到总费用 1.5% 的，就很有可能了。先不管能不能运作成功，营销人若没有从这方面动脑筋，那可以说“out”了。

## 不足三家创新说法

若招标或其他采购形式出现不足三家合格投标人或供应商时，大家习惯性的认知是流标重新招标，采购人和供应商都认为这是理所应当的。《政府采购法修订案（征求意见稿）》第四十五条第二款，出现了新说法，是营销人进行规则营销难得的“尚方宝剑”：

“公开竞争后参与竞争供应商或者合同标只有两家，但招标文件、竞争性谈判文件、询价通知书没有不合理条款，且采购程序符合规定的，可以继续开展采购活动。”

按照之前的规定，这种情形必须流标重招，新规定指出，流标或者不流标，可以有选项，只有两家合格供应商时，不流标继续或者转换方式继续采购活动，也是可行的。这就是把原来的招标项目流标了必须重新招标的规定改变了。

该《征求意见稿》第五十一条第一款继续说：

“在政府采购中，出现下列情形之一的应当终止采购：（一）除法律、行政法规以及国务院政府采购监督管理部门规定的特殊情形外，在招标、竞争性谈判、询价采购和框架协议采购中，投标、响应和报价的供应商不足三家的。”

这里就终止采购加了一句“特殊情形外”，而现行的《政府采购法》第三十六条第一款则没有这一句：“在招标采购中，出现下列情形之一的，应予以废标；（一）符合专业条件的供应商或者对招标文件作实质响应的供应商不足三家。”

政府采购废标条件规定的调整，不能说石破天惊，但也是春雷激荡，对企业进行规则营销大有裨益。这样的法条在手，对项目结果的影响，比单纯靠人脉，靠客户暗中帮忙能超出好几个量级。深刻揭示出规则在项目营销中发挥着无以伦比的重要作用。

# 直接采购说分明

## 直接采购法律依据

我将直接采购（单一来源）从招采方式优先级里面单独拿出来论述，是基于其作为一个基础性的采购方式，其地位正在上升，在新项目中适用的频率也在增高。

直接采购固然很好，但前提是能找到法律依据。没有法律依据就将项目运作成直接采购，那是自寻死路。

最能支撑直接采购的法条，如《招标投标法》第六十六条：

“涉及国家安全、国家秘密、抢险救灾或者属于利用扶贫资金实行以工代赈，需要使用农民工等特殊情况，不宜进行招标的项目，按照国家有关规定可以不进行招标。”

请注意法条第一句，如果是做政府采购项目，涉及政府相关部门如公安的刑侦管理系统，司法的监狱管理系统等，其数据具有保密性质，可以不进行招标。对特别紧急的抢险救灾项目，或者属于利用扶贫资金实行以工代赈，需要使用农民工等特殊情况的项目，也是可以不进行招标。

《招标投标法实施条例》第九条，更加具体地指出，有下列情形之一的，可以不进行招标：

（一）需要采用不可替代的专利或是专有技术；

（二）采购人依法能够自行建设、生产或提供；

（三）已通过招标方式选定的特许经营项目投资人依法能够自行建设、生产或提供；

（四）需要向原中标人采购工程、货物或者服务，否则会影响施工或者功能配套要求。

第九条第（二）款的理解能做到精准到位，就能从营销角度找到运作空间。集团化公司的采购经理，常问我这样的问题，从集团独立出去的二级公司能不能直接接集团的项目？独立出去了就是另外一家具有独立法人地位的市场主体，二级公司与集团公司在市场行为上的地位是平等的，当然不能和之前一样将业务直接交给二级公司做。但如果业务不是由二级公司完成的，则是由公司内部独立核算的事业部完成的，性质就发生了质的变化。或者合资创办一家新公司，将所谓一级二级公司的关系又变回同一个公司的关系，公司内部自行生产，自行满足需求，那就不存在招标或不招标的问题了。

## 直接采购六种情形

法条明确“可以不用招标”的项目类型和范围，但没有明确这些不用招标的项目采何种采购方式，因为非招标采购的项目不在招标投标的适用范围内，除政府采购外，应该由招标主体自主做出采购管理规定。企业的直接采购项目，参考其他法条与政策文件，可以明确的是，涉及如下条件，便满足了直接采购的条件，建议企业采购方据此制订并出台本公司的直接采购管理规定。

**（1）涉密性。**

企业采购招标项目，虽一般不涉及国家秘密，但却大量涉及企业自身的商业秘密，在新质时代，国家对商业秘密的保护力度空前加大，直接采购的范围随之扩大，这对创新性科技企业来说，是非常大的利好。

科学实验性产业化项目，属于新技术新工艺新产品，处于从实验到检验、从样品到产品、从不成熟到逐渐成熟、从科研成果到产业化转化的阶段，许多环节涉及企业商业秘密。关于商业秘密的保护，2020 年国家市场监管总局出台的《商业秘密保护规定（征求意见稿）》进行了全面的规定，文件第五条指出：

本规定所称商业秘密，是指不为公众所知悉、具有商业价值并经权利人采取相应保密措施的技术信息、经营信息等商业信息。

本规定所称技术信息是指利用科学技术知识、信息和经验获得的技术方案，包括但不限于设计、程序、公式、产品配方、制作工艺、制作方法、研发记录、实验数据、技术诀窍、技术图纸、编程规范计算机软件源代码和有关文档等信息。

这里明确提到的“利用科学技术知识、信息和经验获得的技术方案，包括但不限于设计、程序、公式、产品配方、制作工艺、制作方法、研发记录、实验数据、技术诀窍、技术图纸、编程规范计算机软件源代码和有关文档等信息”属于商业秘密，在采购时不易采用招标方式，若属于重大商业秘密应该采用直接采购（单一来源）的方式完成。

**（2）紧急性。**

紧急性指抢险救灾、事故抢修等不可预见的特殊情况下产生的紧急采购需求，需要注意的是，若时间紧急来不及走直接采购流程，一旦紧急情况缓解，应立即按规定流程完成采购程序。

**（3）专有性。**

专有性在有且仅有一家供应商时也称之为唯一性，重点指的是专利和专有技术。指项目研发完成需采用不可替代的专利或者专有技术。专用技术是指它没有专利产品登记，没有专利证书，但它具备技术上的前瞻性、引领性，技术手段的创新是项目必备的属性。这一规定对创新型技术公司非常有利，对鼓励企业更多投入研发，更多申报专有技术和专利产品有推动作用。也是刚刚孵化成立的新型企业在市场上打败老牌公司的锐利武器。

**（4）后续性。**

后续性，指已有项目在主体不变的前提下，对原项目的升级升级、技术改造，维护维修等业务，需向原中标方采购，否则将影响施工、系统稳定或功能配套要求。从规则营销的角度看，《招标投标法实施条例》第九条第（四）款有广泛的实用性，尤其是从事大数据开发、人工智能、新一代移动场景应用、智慧政务、智慧教育、智慧医疗、智慧物流等，没有一蹴而就的，其系统研发上线后需要不断升级系统，原中标人提供后期服务至关重要。这种项目不具备专利，它具备技术上的前瞻性、引领性，某种技术手段的创新，科技的创新一样可以纳入单一来源运作。

**（5）配套性。**

配套性与后续性有相通的地方，都需向原中标方采购，否则将影响施工、系统稳定或功能配套要求。不同之处于，配套性是指与中标方合作的配套生产方，并非一定是中标方自身。对综合性平台公司和系统集成商来说，为了保证项目后续运行的安全、可靠和稳定，在配套的各种设备、软件和系统采购时，直接采购（单一来源）就是首选。

**（5）战略性。**

战略性项目可以采用直接采购方式，是国资委发改委《关于规范中央企业采购管理工作的指导意见》（〔2024〕53号文）文件的一大创新点，也是针对具有战略地位的重点央国企的实际需要做出的规定，文件指出："为保障重点战略物资稳定供应，需签订长期协议定向采购"的项目可以直接采购。长期服务于中央企业和省属重点国企的公司不少，这些公司的营销人要将这一条好好记在心里，在与客户进行交流时，若能将这一条规定的威力发挥出来，那对自己公司的业务拓展，也是具有战略意义的。

## 直接采购注意事项

规则是对整个采购和招投标市场的约束与规范，对招标人与投标人，或者说甲方与乙方及相关方面都是一视同仁的，所以，企业在进行规则营销时，完全应该与客户坦坦荡荡的交流，大大方方说出自己的想法，以自己对国家法规政策的稔熟及其精准的理解力来引导客户。投标人从被动角色变成平等的对话者，再变成专业知识的灌输者和顾问式营销者，这是规则营销带给营销人真正的价值。在规则的学习与应用上，有很多客户要么是认识不到位，要么是新手知识储备不足，他们并没有把国家的政策精神悟透用足，这恰恰为优秀营销人提供了用武之地。

后续性和配套性直接采购在实际案例中使用频率最高，可操控的余地也最大，需要注意的事项，作如下提示：

（1）后续性和配套性直接采购的前提是同一项目主体不变，若是工程项目，它是指同一工程完成后的维护维修，而不是新建的二期工程，这从项目立项时就有明确的区分。比如，为大型三甲医院开发的智能化医疗系统，系统上线投入使用后，医生和患者提出改进意见，需由中标方在原系统基础上进行升级扩容，这个项目就不需要招标，而应该向原中标方直接采购。若该医院新建了一个住院部，需要上一套新的管理系统，这个时候因为项目主体变了，就不属于直接采购的范畴了，应该通过招标方式来选择中标方。

（2）招标方需要用准确的语言来描述，只有从原中标供应商处增加采购，才能满足项目运行稳定性和配件一致性的需要。也就是说，原中标方要帮助客户证明项目采购标的物的不可替代性。

（3）若是政府采购项目，直接采购的合同金额不得超过原合同金额的10%。《政府采购法》第三十一条第三款："必须保证原有采购项目一致性或者配套服务的要求，需要从继续从原供应商处添购，且添购资金总额不超过原合同采购金额百分之十的。”针对这一法条，投标人不要因为签多金额对自己有利就假装不知道，明知采购额超过了10%，不提出异议还暗自欢喜。请记住我的话：即使甲方同意超一点也要主动提出守住规则的底线。遵守规则就是尊重客户，遵守规则客户反而会尊重你，客户尊重你了项目就会源源不断。

从法规上说，国有企业的直接采购（单一来源）可操作空间更大，其战略性的直接采购就是针对大型企业而言的，且在采购金额上也没有不得超过10%的限定。但事实上国有企业采用直接采购方式的并不多，因为国有企业多数在直接采购规则上缺少详细的规定，采购人怕承担责任，不敢冒然采用。

怎么帮助国有企业招标人放下包袱，让他们放心采用直接采购单一来源方式？这是对营销人规则理解和应用能力极大的考验。

# 特殊政策规则化

## 特事特办合乎流程

在特殊国际背景下，以华为公司为代表的一批又一批走向世界科技前沿、拥有核心技术优势的中国企业受到西方强权势力的极致打压，造成一定时间内此类企业供应链受阻，市场受限，经营业绩下滑。一些地方政府和行业组织希望通过项目承接方式给相关公司一定的扶持，帮助他们走出困境，但面临的问题是，这一美好的愿望由于没有法律法规的支撑，在短期内强行推行会有违规的嫌疑，对未受到外部势力制裁的大多数企业不公平，事后项目审计时也难以自圆其说。如果说特事可以特办，那特办也要办得没有毛病，办得合乎流程与规则。因此，将具有正面意义的特定意图政策化是当下规则营销需要仔细考虑的重点。

**案例**　某军转民稀有金属企业KN受西方严苛制裁，原材料被强行断供，出口业务几乎停止，KN公司所在市政府很支持，大会上讲了很多大力支持企业顶住压力走出困境的话。问题是领导意图明确了，但落实到具体的项目上，项目方发现招标投标法和政府采购法没有类似的法条，若未经过严格的招投标流程，KN公司就中标拿走了项目，事后审计、纪检监察部门查起来，询问为什么是KN公司而不是其他公司中标，怎么解释？上面领导讲过支

> 持的话，可领导没说不走招标流程呵。对项目方来说，他们首先考虑的是合规性，是规避法律责任和风险。

KN公司在得到领导的支持后，应该想方设法给项目方创造规则应用上的条件，在国家制订的规则中寻找相关条文，加以合理性的解释，提供一整套的说辞，帮客户把法律风险排除掉。无论何种类型的客户，尤其是客户里的最高层，最愿意、最放心的事就是，没有法律风险，还能顺水推舟。规则营销，就是替客户“挖渠造舟”，让顺水推舟成为现实。

怎么做呢？

首先，找准地方执行部门的关键岗位关键人。

以数字化项目为例，对接的主要执行部门有：

- 发改委项目办；
- 财政局项目办；
- 政府数据管理局；
- 通信管理局；
- 各部门主管局信息办。

这些部门哪些关键是关键岗位，哪些人是关键人？最关键的就是下面五个：

- 立项报告起草人；
- 立项报告审批人；
- 项目需求设计人；
- 招标文件起草人；
- 商务文件确认人。

立项报告的起草人和审批人是发改委、财政局部门领导，审批往往是由一个小组来完成。项目需求设计人很多是网络工程师、软件工程师，是信息中心和数据局的。招标文件起草人主要是业主方，有时招标代理公司参与共同完成，商务文件确认人也有招标代理公司参与共同完成。

## 促使出台特殊政策

**（1）重大项目促使出台或修订地方政策。**

找准对接部门中的关键岗位关键人是市场营销工作针对性的目标，通过能发挥作用的人来促使出台或修订地方政策。对地方政府有重大影响的项目，得到当地党政高层认可，推动执行部门出台新的相关政策文件，或者修订原有地方规定。这种可能性是存在的。近年来，各地出台的落地政策文件众多，如关于小微企业的扶持政策、关于低价中标的规定，关于报价相同情况下中标人的选择等等。所以，能与新质经济发展直接挂钩的项目，给予受外部势力打压的中国企业一定的优先权，便是情理之中的事。

**（2）项目办单独制定重大项目的政策。**

如果地方政府出台法规政策慢，或者部门领导重视不够，办事不积极，项目操作上高层意图落空，这时该怎么办？

以公共资源交易中心、数据局、招投标平台名义出台文件暂时很困难，我们要把目标聚焦到通过项目办或投资平台、投资公司来出台相关针对性项目规定，这样可操作性更大。

现在重大项目都会有单独的工作机制，比方城市交通综合改造工程、城市数字化管理工程、地铁工程、农网工程等，这些无不与5G、大数据、人工智能等新基建内容相关，密不可分，我们要从以下方面推动项目办出台新规：

- 专利专有技术的应用；

- 技术方式的选项；
- 安全性的要求（项目安全）；
- 战略合作的需要；
- 相似经验的需要；
- 时间紧迫（人为造成时间紧迫）。

**（3）项目类型上作出有利选择。**

新基建多为政府主导，既受政府管理也受招标投标的管理，涉及两部法律的应用。我国项目采购招投标共有三种类型：工程类、货物类、服务类。网络开发、系统应用归为服务类，设备采购归为货物类，现在新基建项目更多以集成平台以技术创新引领，作为我们运作项目的突破口，这类项目未必是货物类和服务类，我们应该更多的归入工程类，为什么变成工程类对我们更有利？

把它定义为工程类好处有：

（1）工程类的项目公开招标的金额是400万元，而货物类是200万元，服务类只有100万元，这是发改委16号令发布的公开招标的额度，显然工程类更大一些。达不到这个额度的不用采用公开招标方式，直接采用竞争谈判、单一来源，比公开招标更有利我方中标。

（2）工程类项目以招标投标法为主要法律依据，不是政府采购法，所以首先把项目运作为工程类可以以招标投标法为重点来考虑。招投标法允许在入围条件上设置更多条款，而政府采购法不可以。《招标投标法》允许工程项目设置一定的专业门槛，比方专业资质、专业业绩，作为限制条件把条件不够的公司挡在入门的条件之外。政府采购法更多针对货物、服务类项目，招标投标法更多针对工程类项目。新基建项目很容易把项目定义为工程类，我们不要单纯的把自己定义为设备供应商，如果现在参与了项目集成平台的研发，就不是单纯的货物供应商，角色的转变适应不同的法律，工程类更有利于我们对项目的掌控。

## 招标文件细化条件

国家政策对招标文件编制的要求，概括起来就是两个词：具体、精准。工程类、货物类项目招标，要求列出详细的工程量清单和物资设备清单。显然，技术要求越具体对技术能力强的公司越有利，若前期与客户沟通到位，有利面还会扩大。规则营销在这里的奥秘是，需求设计不能聚焦技术性能的唯一性，但能突出技术能力的全面性。

如何实现技术能力的全面性，从而力压竞争对手？财政部《政府采购货物和服务招投标管理办法》（财政部 87 号令）第十一条，做出了七个方面的具体规范，对规则营销指明了方向。

> （一）采购标的需实现的功能或者目标，以及为落实政府采购政策需满足的要求；
>
> （二）采购标的需执行的国家相关标准，行业标准，地方标准或者其他标准、规范；
>
> （三）采购标的需满足的质量、安全、技术规格、物理特性等要求；
>
> （四）采购标的的数量、采购项目交付或者实施的时间和地点；
>
> （五）采购标的满足的服务标准、期限、效率等要求；
>
> （六）采购标的的验收标准；
>
> （七）采购标的的其他技术、服务等要求。

与此相互应证，国家发改委《关于营造更好发展环境支持民营节能环保企业健康发展的实施意见》（发改环资〔2020〕790 号）的一句重要的话：

“要持续完善招投标机制，倡导质量优先的评标原则，鼓励适度增加技术标权重，严防恶性低价竞争。”

这里就如何编写招标文件做出了直接的提示，明确要求“适度增加技术标权重“，这在官方文件中是很罕见的。招标文件里面增加技术标权重占比，相应的就会减少价格分占比，这对创新型技术公司非常有利。将这样的文件提供给招标人阅读，可以减轻他们对详细设置技术细节的担忧。

《招标投标法（修订案）》第二十一条，也很值得关注：

> “招标项目的技术有强制性国家标准的，招标人应当在招标文件中提出相应要求；有推荐性国家标准、行业标准、地方标准的，鼓励招标人在招标文件里采用。国家鼓励招标人在招标文件中合理设置支持科技创新、节约能源资源、生态环保等方面的要求和条件。”

这一条规定与华为、大疆、道通、比亚迪、中车股份、华大基因等技术公司相当吻合，要鼓励招标人将优秀公司参与制定的如推荐性国家标准、行业标准、地方标准等，写入招标文件并合理设置条件。

温故知新 小练习

1. 选择题：财政部发布《关于加强财税支持政策落实促进中小企业高质量发展的通知》（财预〔2023〕76号）明确："超过400万元的工程采购项目中适宜由中小企业提供的，预留份额由30%以上阶段性提高至40%以上的政策延续至（　　）年底。"

A.2024　B.2025　C.2026

2. 判断题："向规则要中标率，就是我们关于营销向规则转型管理思想的终极答案。"你认为这句话是对的还是错误的？对的打"√"，错误的打"×"。（　　）

3. 思考题：营销团队经过努力，好不容易开发了一个国有企业的大客户，作为营销人，在帮助国有企业招标人放下包袱，让他们放心采用直接采购（单一来源）方式方面，你有什么好方法？

______________________________

______________________________

______________________________

# PART 6 | 第六章 |

# T：技术营销转型

本章金句

◎ 营销本身就是一门独立的技术。

◎ 评标办法既是编制投标文件的“指南针”，又是评标专家的“导航仪”。

◎ 只要“控标“这趟车跑在“规则”的轨道上，就不必担惊受怕。

◎ 未来的招投标全是技术标，未来的采购全为智慧采购。

◎ “控标”，就是争取技术竞争的主动权。

# 解标：营销是一项技术活

在新质生产力引领中国经济发展方向，招投标市场风云激荡的新形势下，向技术营销转型，向专业化看齐，是企业最为紧要的命题之一。在PLT新质营销模式理论体系里，T（technology）即技术营销不仅包括项目的技术目标和实施方案、产品的科技元素和性能，也包括项目的采购招标流程、商务条款设置和报价策略等在内。技术营销归位于、承载于两个文件，即招标文件和投标文件，我们把这两个文件称为标书。所以，向技术营销转型，就是要回归项目本体，回到需求原点，回到立项的初衷。

在PLT营销模式里，作为核心的技术营销，其要领及操作方式为四个阶段四个重点，即：解标—拆标—控标—编标。下面从解标讲起。

## 营销人得有“满杯水”

PLT新质营销模式对营销经理的要求是，在专业技术上能够达到与客户进行深度交流对话的水平，能够做到启发客户思维，引导客户思路，成为客户有所依赖的“智囊”；在方案编制上能充分体现项目需求和客户意图，且规范严谨无瑕疵纰漏。如果客户杯子里有“半杯水”的话，营销经理杯子里得有“满杯水”，否则，就形成不了客户对你专业上的信任和技术上的路径依赖。所谓“营销是个技术活”，不是营销人代替技术工程师干活，而是营销本身就是一门技术。项目立项阶段的方案设计，招标文件编制中的技术处理，每一处细节都闪耀着技术的光芒。

我经常给央企的政企（集客）营销团队授课，如中国电信、中国联通、中国移动等，所属省市公司均有专业的技术支撑部门，公司常年设置针对营销和支撑人员的专业技术知识培训课程，学足课时量才能结业上岗，而且技术课的学习时间要超过市场营销专业课的学习时间。华为公司不仅通信技术上独领风骚，公司的营销能力也是出类拔萃的，营销经理们见到客户，能就华为产品的性能、特性、数据，如数家珍，娓娓道来。故我的结论是，无技术不营销。

## 所有标都是技术标

无论是工程、货物还是服务项目，没有技术特性的项目将不复存在。我经常说，未来的招投标全是技术标，未来的采购全为智慧采购，未来的公司全是基于算力的科技型公司。脱离大数据应用的公司，路子只会越走越窄，传统行业只有注入数字概念和场景应用才能再生。

**案例**

某市政工程公司，之前起家的业务主要是在城市道路上“开肠破肚”，及打通断头路、旧房拆除之类，干的尽是脏活、累活，觉得没有什么科技可言。去年当地大规模的市政建设升级改造工程启动，明确以“智能化城市建设”为目标，对各公司的投标方案编制提出要突出智能性、网络性、科技性，正当公司感到为难之际，公司老板从南方某建筑科技设计院挖来一个专业人才，经他设计的方案让人耳目一新。除了整体上与城市物联网进行数据对接外，在室外场景应用上整合了许多小型数字技术，例如：道路井盖上放置二维码和报警器，控制中心能实时监控数万个井盖的安全性能；公园和街道上的宣传牌，都加装了宣传内容的语音播报，集成了实时新闻和天气预报；公园绿道多处设有人脸识别系统，能为健身者提供健康指数和运动量的提示等。方案在前期交流中获得专家们一致的好评，市住建委为此在预算资金上追加了大额投资。

由于科技含量的加持，这么多年让人叫苦不迭的低价现象有可能得到抑止，由于工程项目的施工材料价格透明，劳动力成本有固定标准，所以不可能把预算价做得太高，一旦将施工与网络技术、场景应用叠加后，需要针对性的进行技术设计与研发，这一部分的预算便有可能成为放大利润空间的地方，投资便会水涨船高。所以说通过新技术的场景应用引领工程未来，是未来争取项目利润回报的主要渠道。

技术营销并非单指项目技术方案的设计与推介，招投标中的商务条款和报价方法，同样是技术营销的重要构成，因为资质等级、专利证书、销售业绩、人员规模、高端人才数量、品牌影响力等商务条款，就是一家公司技术实力的集中体现，而投标报价则是投标人的产品、施工和服务的价格呈现。投标报价不是拍脑门，自主研发投入大，成本就会上涨，报价就低不了；产品的市场占有率高，有更多的成本均摊，价格就有下降空间。

所以说，技术营销，是真正深入到企业骨髓的营销，是真正让客户发自内心信服的营销，是最具前瞻性和恒久性的营销。对习惯了传统营销的营销人来说，向技术营销转型，或许会有转型的阵痛和内心的挣扎，但更会带来希望和憧憬。

## 无技术不营销

哄抢式市场情况下，营销人都明白想中标不能坐等发标书，要通过招标前良好的客户关系互动，从项目立项阶段开始，介入到项目准备的每一个环节，直到对外发布招标公告。有人说，这些环节我公司也参与了，客户关系相当不错，公司实力得到客户信任，可为什么依旧没有中标呢？

原因就在于，你公司只会“深度营销”不会技术营销。营销人若在项目准备的各个关键环节没有高超的技术策略和技术手段的运用，不能掌握规则与技术相互作用与反作用的关系，那依然不能成功。譬如一个“数字城市”的网络建设项目，业主给你提供了参与项目需求技术讨论的机会，可公司拿不出让业主眼前一亮的方案，业主让你起草招标文件，可你不知道如何设置条件是既合规又能实现业主的招标目标。

我一再倡导的向技术营销转型，就是指营销人要具备技术思维与技术应用能力，善于将客户意图进行技术化处理，将项目规则与技术处理方式融会贯通。

常有这种案例发生，项目中标公示出来了，被竞争对手投诉，说项目对中标候选人有明确指向性，监督机构一看有道理，于是废标重招。这就是技术性处理的失败。在营销转型的整体思维里面，要做到向深度营销转型、向规则营销转型以及向技术营销转型的同步推进，相互依托，才是最终达成公司营销管理思想体系与营销团队实现向新质转型的目标。

招投标的特性决定了投标人天然是被动的一方，要想赢，就不能坐等。技术营销，就是变被动为主动，它是市场营销的重要手段和必然选择。它不仅涉及技术手段技术方案等专业层面的内容，更体现出一个公司的管理思想和综合能力。

有时候业主是有意中人的，但他既不能指定，更不能明说。政府采购和国企招标圈层里的人士，个个都是人中龙凤，冰雪聪明，谁愿意帮某个企业中标而落下把柄？认清到这一现实后，营销人就要懂得，将某种意图在法律允许的范围内进行技术化处理，让中标水到渠成，无懈可击，是营销人的职责和使命所在。

技术营销有哪些不同于其他营销模式的特性呢？

**第一，谁是招标文件的技术设计者，至为重要。**

例如：

> 投标人的业绩要求：过去5年内(2014年1月至今)有3个及以上单项合同金额500万元及以上大型火电站或500万元及以上工业园区一体化后勤物业服务业绩，提供业绩证明材料。

上述案例中，突显出三个重要的技术元素，一是数量，二是金额，三是类型。这三个元素对营销人最大的启发在于，它是规则允许可以调整和修改的，3个能不能改成5个？500万元能不能写成400万元？火电站能不能改为水电站？当然可以，这是属于招标文件设计者的发挥空间，“我的地盘我做主”。

需要说明的，这里用合同金额作为资格条件，是为了考察潜在投标人有没有完成本项目相适应的技术能力，是招标人对项目的基本要求，不属于歧视条款。

**第二，公司的技术实力强弱不是最重要的，如何设计技术元素才是最重要的。**

招标文件里任何一项技术需求和商务条款，有满足条件的就一定有不满足条件的。是不是大公司就都能满足、符合条件，小公司就不满足不符合条件？答案是：不一定。阿里云、腾讯云、华为云都属去计算时代的头部企业，他们一起竞标，各自也有不满足条件的时候。可见项目的技术化处理，不一定全是大公司控制小公司，小公司反控大公司的案例也是很多的。

# 拆标：文件模板专业拆分

## 庖丁解牛式的神技

招投标工作的逻辑起点是招标文件，招标人的政策水平高不高，专业能力强不强，决定性因素是看招标文件的制作质量。投标公司的营销能力强不强，项目中标的把握大不大，很大程度上也是看招标文件制作过程中的介入渗透程度。

向技术营销转型，需要在这两点上取得突破：

（1）若提前没有介入项目，与客户完全陌生即所谓“盲投”，那么，读懂读透招标文件，目的在于小心避开“挖坑埋雷”之处，精准做出项目要不要参与竞标的判断。

（2）若是前期准备充分的项目，就要配合客户执行层技术人员，从招标文件全部的细节上掌握项目，规避对己方不利的文件内容。

无论是盲投应标，还是有备而来，都得死死抓牢招标文件这个核心中的核心、要害中的要害。营销人对招标文件的认识既要有表象的了解，还要有理论高度，更要有一种近乎痴迷的执念，要有一股子把招标文件掰开、揉碎、嚼烂、咽进肚里的狠劲！

先秦哲学家庄子在《养生主》一文里，讲了一个“庖丁解牛”的故事，也讲出了技术营销的精髓。

“臣之所好者，道也；进乎技矣。始臣之解牛之时，所见无非牛者；三年之后，未尝见全牛也。方今之时，臣以神遇而不以目视，官知止而神欲行……良庖岁更刀，割也；族庖月更刀，折也。今臣之刀十九年矣，所解数千牛矣，而刀刃若新发于硎。”

别看庖丁只是一介屠夫，他深懂技艺的本质所在，说话非常有哲理。技术营销所要达到的最高境界就如同庖丁解牛一样，“以神遇而不以目视，官知止而神欲行”，闭着眼睛就能说出招标文件里一字一词，一条一款的设置用意，看一眼标题就能知道项目的重点难点，对标书里的正常表达与特殊设置了然于胸。这是每一个营销人追求的境界，也应该是企业营销的管理目标。

## 招标文件四大特性

既然招标文件是关乎企业生死的核心和要害，那我们对它的认识就不能一知半解，不能满足于片面化、表象化、碎片化的认识水平。对招标文件的理解的深度与广度，是与企业的管理水准成正比的。深刻理解招标文件独有的四大特性，是提升企业管理的要旨。

**（1）法律文本。**

招标文件的法律属性是由《招标投标法》规定的，据统计，《招标投标法》全文共34次，《招标投标法实施条例》全文共103次出现“招标文件”一词，出现频率如此之高，说明其在招投标法律体系中极端的重要性。

《招标投标法》第二章第十九条明确指出：

“招标人应当根据招标项目的特点和需要编制招标文件，招标文件应该包括招标项目的技术要求、对投标人资格审查的标准、投标报价要求和评标标准等所有实质性要求条件以及拟签订合同的主要条款。”

招标文件由招标人负责编制，这是法律赋予给业主方的地位和责任。招标文件的作用是对投标人的资格、技术、报价，对评标专家的评审提出要求，进行规范，说明招标文件是招投标过程中招标人、投标人、评标专家、招标代理、电子招标平台、监督机构等相关各方的共同遵循。

**（2）工作重心。**

我们曾在本书第二章详细分析过项目立项程序及招投标的流程，从需求提出、市场调研到立项论证，招标前期一切工作的目标和最终成果就体现在招标文件的编制上，招标文件编制水准反映出招标人前期工作是否落实精准到位，它是招标人一切工作的重中之重。

项目进入招投标阶段后，招标文件一旦对外发布，首先要接受投标人严苛的审视，文件里若有任何违规的表述和细节上的瑕疵，都逃不过投标人的眼睛。同时，招标文件直接关系到开标、唱标、评标、定标的顺利进行，并对中标结果起着决定性作用。

**（3）投标依据。**

投标人在项目跟进中，会尽一切可能去捕捉所有的信息，包括从客户哪里听来的私密化的信息，从世面上道听途说得来的半真半假的或者离奇不靠谱的信息，有的公司对此津津乐道，把这些当作投标策略制订的依据，却对正式发布的招标文件置若罔闻，当非正规渠道得到的信息与招标文件的表述有冲突时，不知应以正式文本为准。

投标人在编制投标文件时，有且仅有一个标准和依据，那就是招标文件。若对招标文件有疑问，唯一的办法是发起澄清，而不是私下打听或是想当然。

**（4）验收标准。**

说招标文件是合同履约的最终验收标准之一，有人会问，验收标准不是以合同为依据吗？项目验收当然要看合同，但要注意以下三个问题：一是合同内容大多是从招标文件里面来的，且在实质性条款上合同条款必须与招标文件保持一致。若合同背离了招标文件和中标方的投标文件的实质性内容，那这份合同是没有法律效应的，俗称“阴阳合同”；二是招标文件和中标方的投标文件本身就是合同的附件，与合同正文一道，共同构成完整的合同文本。是天然的验收标准；三是若在合同履约或验收过程中甲乙双方出现分歧，招标文件仍是最后的最具有法律效应的判定依据。

## 标准文件六章要领

2017 年，国家发改委会同工业和信息化部、住房城乡建设部、交通运输部、水利部、商务部、国家新闻出版广电总局、国家铁路局、中国民用航空局，共同编制了材料、设备、勘察、监理、设计五种类型的标准招标文件模版（简称《标准文件》），规范了条款构成与用语，同时，国家各主管部委也先后发布了行业性的标准招标文件，例如《水利水电工程标准施工招标文件》，等等。它们是招标人编制工程类和与工程有关的货物、服务类招标文件的强制性标准，自然也是投标人解析并参与编制招标文件的强制性标准。各电子招标平台在设置电子招标文件模块时，同样是依照这些标准来执行的（如图 6–1 所示）。

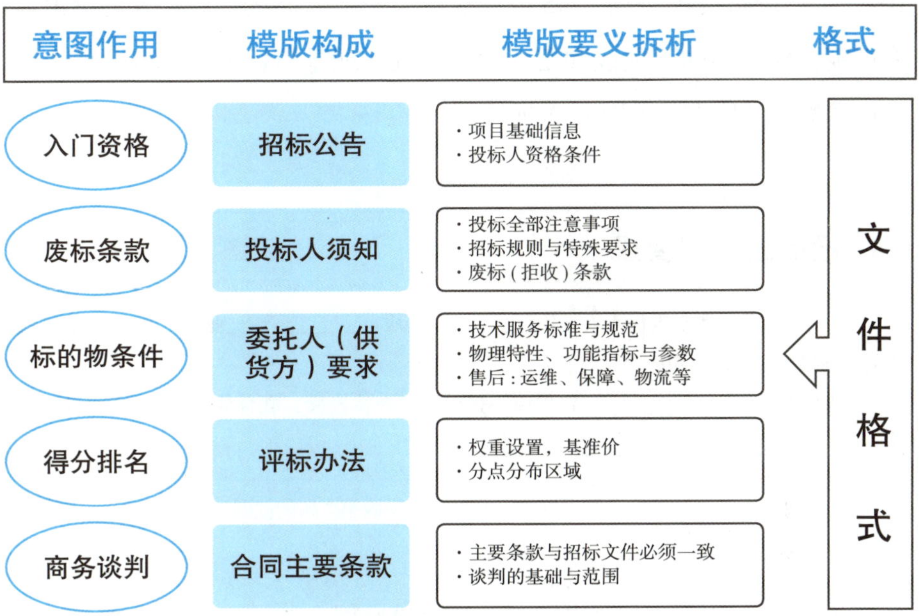


图 6-1 招标文件模块及其含义

从图 6-1 所示可以看出，无论是什么类型的项目，其招标文件的模块都是一致的，共由六章构成（不同版本的招标文件模版顺序有所不同，但内容一致）。上图将文件格式放到右侧是想说明，文件格式不只是招标文件单独的一个部分，每一模块都有相应的格式要求。左侧的图标说明每一模块所要表达的意图，以及对投标人的作用。

关于招标文件的认知，最关键的是明确两点：

**其一，模板不可动，空白处做文章。**

国家发改委等部委在印发《标准文件》的通知中明确指出：《标准文件》中的“投标人须知”（投标人须知前附表和其他附表除外）“评标办法”（评标办法前附表除外）“通用合同条款”，应当不加修改地引用。意思就是模块条款和文字必须原样照搬，不得有任何改动。比如说，评分标准满分 100 分，所有项目类型都得是 100 分，不能设计类项目满分 100 分，咨询类项目满分

105，生产制造类项目满分 95 分，这就叫胡闹。那么，招标人的价值体现在哪里呢？模版中的下横线和留下的空白处，就是招标人发挥专业能力，为项目保驾护航的地方（如图 6–2 所示）。

**3. 投标人资格要求**

3.1 本次招标要求投标人须具备__________资质，____________业绩，并在人员、试验检测仪器设备方面具有相应的监理能力。

3.2 本次招标__________（接受或不接受）联合体投标。联合体投标的，应满足下列要求：__________________________________。

图 6–2　招标公告模版第 3 条的截图

截图中的序号、文字用语都必须原样照搬套用，一个标点都不能改动。招标人全部工作在下划线的空白位置。“3.1”条限定招标人可以设置的投标人资格条件就是两个地方：一是资质，二是业绩。招标人的工作就只能在这两个地方展开。

**其二，读懂看得见的文件，读透看不见的深意。**

招标文件的文字通俗简约，看似平淡无奇，但每个词每句话为什么这么写，放在什么位置，想要传递什么信息，投标人却未必都能够读懂，甚至某些话需要换一个说法“翻译”出来，才能知其真意。“此处有真意，欲辩已忘言”，能读出招标文件没有写出来的含义，说明有了一定的技术能力，才可称之为技术营销。下面就招标文件的六大构成模块进行分拆说明。

**（1）招标公告。**

招标公告发布表示项目正式浮出水面，那在水面之下潜伏了多久？有何暗流涌动？有的公司深知，有的公司略知一二，有的公司全然无知，这就是营销上的差别。招标公告最重要的功能是设置投标人的资格条件，即投标入门的门槛。若被资格条件挡在了门槛之外，完全不必气恼，说明这项目与你无缘，马上去寻找属于自己的目标。

**（2）投标人须知。**

投标人须知涵盖了投标企业所需要了解的全部信息，它的重要功能之一，就是将符合入门条件的公司找机会提前排斥出局，以减轻评审打分时的竞争压力。需要特别提醒注意几点：

一是若资金预算（最高限价）没有在公告里写明，在须知前附表里应该能看得到。若这里也没有，那就是邪门的所谓“水很深”的项目。

二是有关投标保证金的交纳金额、交纳方式、交纳时间等问题有否异常表述，这是容易被人“设局”的地方。

三是在常规的废标条款之外，招标人可以增加设置项目特性所需要的针对性条款，很容易被“挖坑埋雷”，投标人每次读招标文件时，都要把特殊废标条款一一标注出来。

**（3）委托人（供货方）要求。**

标的物，通常说的技术需求部分。这才是项目真正的“金主”，招标活动的目的和归结之所在。从技术部分表述的准确性上可做出两个判断：一是招标人是否对项目准备充分；二是招标人有否“内定”目标。

**（4）评标办法与标准。**

我说过中标的奥秘藏在招标文件里，进一步说，中标的奥秘就藏在评标办法与标准里，这是考验投标人应标能力的试金石。评标办法的厉害之处在于一箭双雕，既是投标人编制投标文件的“指南针”，又是评标专家评审行为的“导航仪”。评审中的得分排名，已经越来越淡化评标专家的个人因素，而由评分标准的量化细则来决定。

**（5）合同主要条款。**

现今仍有企业的商务谈判活动与未合同条款捆绑，有些商务谈判的教程和培训存在同样的偏差。合同条款前置到招标文件里，你知道这一条的意义有多大吗？它可以说就是招投标制度体系的护身符。没有了合同前置并与合同正文保持一致，招投标便形同虚设，沦为个人意愿的“光鲜外衣”。

投标人在购买标书时就要注意到合同条款的存在，正式递交投标文件以后，意味着对合同内容的认同，而不能在中标后对合同的实质性内容提出异议和反驳，更不能将合同条款推倒重新谈判。

**（6）文件格式。**

我有一句为学员们广为引用的话：标书编制形式大于内容。意思是说，技术方案尽管是投标文件的核心内容，但它只影响得分排名，属于锦上添花，投标文件格式上的偏差却是“一票否决”制，没有任何回旋余地。

几乎所有的投标人，都咽下过格式出错而丢标的苦果，即使是中铁中建这样的行业巨无霸也不例外。常见的那句“细节决定成败“的管理名言，放到文件格式上来理解是再合适不过的。

## 九步拆标法详解析

拿到一份招标文件后，究竟如何读懂读透，下面给大家介绍我们总结出的“九步拆标法”（如图 6–3 所示）。

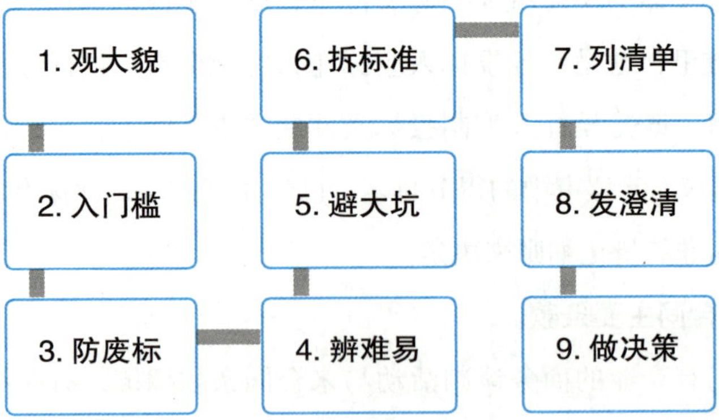


图 6–3　九步拆标法

**（1）一读标书观大貌。**

即通读全文，边读边做记号，把看到想到的问题随手划上记号，通读要做出几点判断：一是标书是否按标准文本来编制，章节条目上是否符合规范，形式上是否完整。由此可以判断业主方的专业程度和规范化程度，若招标文件不按标准文化模版来，章节上乱七八糟，这样的项目主观随意性太大，要不要参与投标得仔细掂量。

**（2）二读标书入门槛。**

通过仔细阅读招标公告，先看我公司是否能一步跨入门槛，再看投标人资格条件的设置有没有异常。即使符合条件能进来，但若资格条件一反常态，那背后定有“小动作”。怎么知道有没有异常？一看资格条款多不多，二看条件设置怪不怪，过多过怪就是异常。与常规的政府采购项目一比较就能看出多和怪来。

**（3）三读标书防废标。**

投标人须知和发包人要求（技术需求）两大板块是设置废标最多的地方，可谓荆棘丛生，暗流涌动。这两个板块所有必须满足的条件，即实质性条款，均不得有丝毫偏离，偏离就得废标出局。

招标文件里写明“不得偏离”等字样的地方投标人一般都能留意到，出错的概率相对较低。需要强调说明的是，招标文件没有使用“重大偏离”“实质性条款”“废标条款”等字眼，往往容易被投标人忽视，但隐含着废标的意思，这才是最有可能成为“陷阱”的地方。例如，下面这段标书里的文字，至少有十处以上都是在讲废标，但没有出现“废标”“偏离”等字眼，例如：

> 本条款增加规定：
>
> 1.投标人应对招标文件中的第四章“合同主要条款”和第五章“技术规范”进行点对点应答或填写偏离表。
>
> 2.投标人须对每一款做出明确答复（如果需要，可给出详细的

应答内容)否则将可能被视为放弃应答。诸如“已知”“理解”“明白”或“同意”等这样非确切的答复是不可接受的。如招标文件中所列指标有具体要求、参数或指标要求的，投标文件中除回答“满足”“部分满足”或“不满足”外，还须列出具体要求、参数或指标。

3.投标人所提供的资质文件、函件、应答等，必须正确、有效，如招标文件有提供格式的，应严格按招标文件提供的格式编制，否则可能影响评审委员会对投标文件的评审，由此引起的后果由投标人承担。

**（4）四读标书辨难易。**

到了四读标书继续往深处走阶段，重点从技术需求板块来辨析项目的难易程度，做出可否有中标机率的判断。

技术部分难易度辨析的方法：先看精细度，是否对每一个性能参数、设计施工规范等技术细节有精准细致的描述；再看全面性，是否涵盖了项目的方方面面，从施工到维护，人员到工具等；最后再看针对性，是否有针对某种技术特性和某公司的特点定向设置。

**（5）五读标书避大坑。**

三读标书的阶段，已经梳理出了所有的废标点。更深一个层次的问题是，招标文件有些地方没有明确属于废标条款，若理解不到位或许不会废标出局，但却会失去中标机会，这才是招标文件里更大的“坑”。

有一份招标文件在报价得分规定里写道：“投标人报价得分以有效报价的中间值为基准，大于或小于基准价的10%，将不计入价格得分。”这对投标人的报价是极大的考验，若报价偏离中间值的10%，价格分为零，事实上宣判了中标人的“死刑”。这种隐性的大坑比显性的废标条款更加难以把控。

**（6）六读标书拆标准。**

这里的“标准”单指招标文件里的评标办法与标准，从三个方面拆开它：

一拆价格分，若价格高，难在报价策略的拟定；二拆主观分，若主观分多，难在客情关系的到位；三拆客观分，若客观分多，难在技术方案的编制。

**（7）七读标书列清单。**

精读标书做出“标书解读清单表”，是要求将招标文件里相关的条款和字眼抠出来，重新填写排列成清单表格，并以此清单表作为编制投标文件的重要依据和检查审核时的参照系，这些工作有人认为在标书上做出记号就行了，再抠出来做成表格太烦琐，但无数次的经验教训告诉我们，这项工作做得越细，犯错误的机率越低，你越怕麻烦，麻烦越来找你。招投标最忌讳的就是大而化之，大概可以的心态，故以下这几个表是必须要完成的：

- 工程量清单表；
- 分项报价清单表；
- 废标条款清单表；
- 分值细则清单表；
- 投标团队责任清单表。

**（8）八读标书发澄清。**

在精读招标文件过程中，若发现任何疑点，这个时候切莫一带而过，或者自己想当然。正确的做法是向招标方发出疑问澄清函，请求予以解答，在规定的时间范围内，招标人有回复解答的义务。

有人说发澄清没用，招标人回复是“请再看招标文件”，等于什么都没说，不明白的还是不明白，由此认为发澄清函没有必要。这种想法仍是没有掌握有效的办法。回复是“再看招标文件”，多数情况不是招标人不负责任，而是投标人的问题提得不准，若澄清函确实指出了招标文件的矛盾和错失，招标人必定会立刻纠正。

**（9）九读标书做决策。**

最后，再进行一次全文总体浏览，到了这一步，文件的全部内容，从基本要点、偏离项、废标点、评分细则、技术规范、重点难点到合同条款都已了然于胸。

这个时候，通过对招标文件一遍又一遍翻来覆去的精细化解读，我们对项目有了数据支撑下的准确定位，并据此制订出高明的智慧型的投标策略（如图 6–4 所示）。

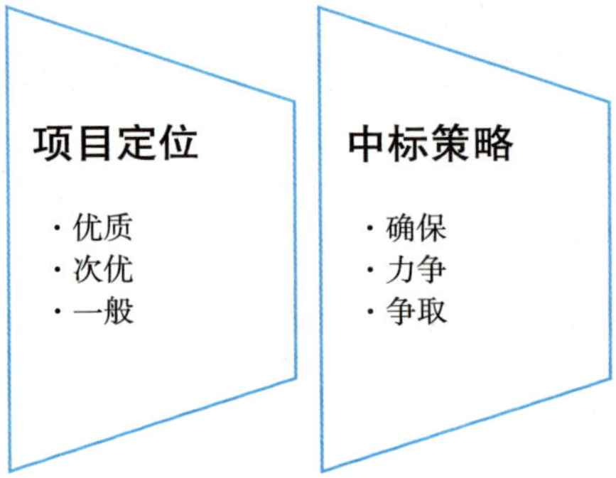


图 6–4　投标目标及策略

# 控标：关键环节技术处理

## 建立控标正确认知

**首先，“控标”跑在“规则”的轨道上。**

许多人一提起“控标”就很紧张，认为是在搞违规操作，这是天大的误会。招标人的工作成效怎么体现？就是通过法定的程序来提升项目的控制力，实现既定的中标目标。我经常给项目方的招标人讲，一个对项目高度负责的人，一定是深入研究项目需求和规则，会控标的人；是一个关注供应商信息，对中标对象有想法的人。若招标人对中标结果无所谓，认为和谁签合同都一样，这种敷衍了事的态度，恰恰是不负责任的表现。

一定程度上说，国家在现有招投标制度基础上，又推出“评定分离”的新规定，就是认为之前招投标制度执行中，评标委员会的权力过大，招标人作为项目拥有者的意见不能充分表达，中标结果容易偏离项目实际需要。招投标流程中新增由招标人自己主导的“定标”环节，就带有“纠偏”的性质。所以说，大可不必闻“控标”色变，它是以合规为前提，以满足项目需求为重点，以优选中标供应商为导向，以文件模版为蓝本的专业技术行为。换句话说，只要“控标”这趟车跑在“规则”的轨道上，就不必担惊受怕。

**其次，控标实质是优势最大化。**

有些营销人对“控标”有不切实际的幻想，似乎只要掌握了某种神秘的控标“密计”，就具备了一种魔力，在招投标竞争中就能逢山开路，遇水架桥，翻手为云，覆水为雨，逢凶化吉，所有对手公司都能拿下，如同一句“芝麻开门”，便能“所愿皆所得”。这显然是过于天真浪漫了。

营销人正确的“控标”理念，是争取技术竞争的主动权，将自己公司的技术特长和优势最大化，而不是让对手一招毙命。在一些标准化的项目，尤其是政府采购领域，招标文件完全按照提前制订好的模版来，没有技术难度和个性化的需求，不能展示出公司自身的特长和优势，但若能将公司的短板规避掉，能够不因为自己的某项弱点而失分，这也是一种控标办法。有些时候，控标的内涵不是设置了什么，而是没设置什么。所以我一再说，控标不是万能的，但控标的作用是不可忽视的。

投标企业前期参与招标方的部分工作，进行技术交流和考察，提供专业文献支持和样品检测，在招标文件编制时吸纳部分潜在投标人的技术思想，均属正当的市场行为，为国家政策所允许。只要招投标流程合法合规，招标文件不存在针对特定公司的单一指向性，甲乙双方没有其他违规行为，就无可指摘。

有人说，招标方找了 A 公司 B 公司进行方案交流没找我方，他们是在搞控标，对我方不公平所以我要举报。这种话除了证明自己技术差劲，营销无能以外，并没有什么道理。

## 技术渗透七步曲

PLT 新质营销模式，其基本思想就是把技术营销提升到前所未有的高度，在得知项目立项开始后，要将与客户进行技术交流，得到客户对我公司技术实力的充分信任，并形成技术上的路径依赖当作营销工作的至高追求。营销向技术转型的重要意义就在于此。

为此，我把技术营销在这一阶段的工作任务分解为七个步骤（如图 6–5 所示），并对每一步如何操作进行简略的方法指导。

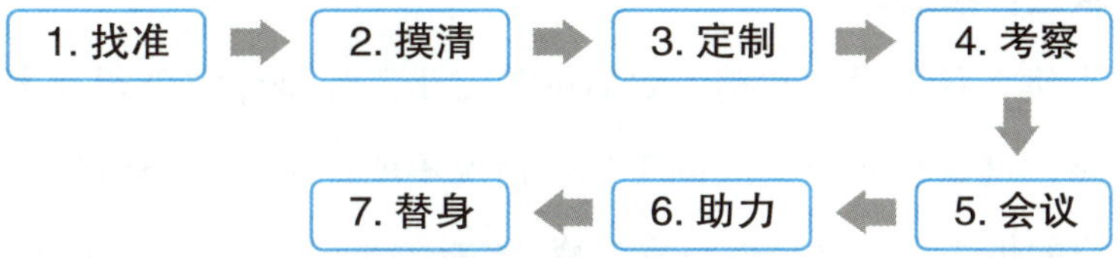


图 6-5 技术营销“七步法”

**步骤一：找准。**

本书在分析三层次客户关系结构时，指出客户三层次都有关键岗位的关键人，都必须建立起良好的客情关系，技术营销所需要找准的关键岗位关键人就是招标文件起草人、评分标准审订人和商务条款确认人，并与之建立起良好的客情关系。若找不准这三种人，或者找到了人但建立不起“三交到心”的客情关系，不能成为他们的谋士和高参，技术营销将无法进行继续。

当新质经济来临，所有的标都变成了技术标以后，负责项目技术方案设计的招标人员，其重要性直线上升。大中型工程项目和智能化建设项目里面，招标文件的起草、编制和审订工作不会由单个人完成，而是由一个工作小组共同完成的，执行层和管理层同时介入，方案审核把关时决策层还会参加，找准关键人的工作也会相应变得复杂，这技术营销要过的第一关（如图 6-6 所示）。

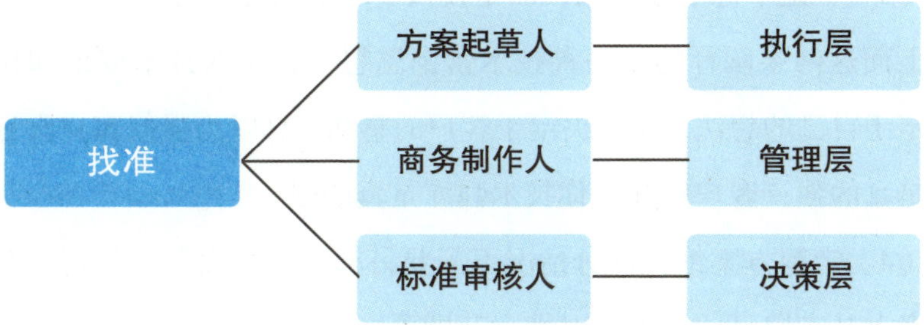


图 6-6 “找准”示意图

**步骤二：摸清。**

初步建立联系后，营销人要做的第二步工作是介绍公司技术能力，摸清客户思路，这是技术上兜底的工作。情况不明白天黑，摸清情况夜里亮。只有把客户的想法和思路摸得一清二楚，才能做到有的放矢。其方法是先说后问，少说多问。先演示公司现有技术方案或产品性能，仔细观察留意客户的反应，客户任何插话和询问立即记录下来，并做好回复的准备。若是机械设备类项目，留意他们关心哪些功能和参数；若是施工类项目，留意他们有何想法和疑问。为下一步对接做好准备。

摸清类似于需求调研，只不过这时候业主心里没底，需求他们自己也说不清楚。故技术上的摸清主要是指摸清思路，让客户思路顺着我公司的路径来走。

**步骤三：定制。**

定制就是在项目交流阶段，根据摸到的情况为客户定制解决方案。有人说，现在招标还没开始，自己能不能中还不一定呢，为客户定制方案得投入精力，若没中标不是白忙活了吗，得不偿失啊。这种认知说明有几点需要厘清：

（1）不是所有的项目都给客户定制技术方案，只有重点客户重点项目才这么做。

（2）为客户做定制方案不一定能中标，但放弃定制方案的机会一定不能中标。

（3）不是中标了才投入，而是投入了才能增加中标概率。

上面这两条阐释的是一种技术营销思想，公司的技术成果和技术实力，不决定于自己的想法，而是决定于客户的感知。自以为强但客户没有感知到，那不是真的强；客户感知到你技术强才是真的强。

（4）定制方案绝大部分情况不需要另起炉灶，而是在公司现有标准化解决方案上补充修订，增加针对性章节即可。

（5）若定制方案做的好，项目种种原因（如报价不合理）未中标，今后一定还有机会。任何投入都会有回报，只分当下还是未来。故对技术营销来说，不用过多考虑是否能中标，只须全身心投入到方案的研究与设计中。将公司的技术优势和个人智慧尽情展示阳出来，吉人自有天相。

**步骤四：考察。**

项目针对性解决方案得到客户认可和赞许，说明这一步走得稳健扎实，但终究只是纸上谈兵，对客户技术观念的影响停留在理性层面，接下来的第四步需要将客户理性的认同与感性的触动打通，操作的办法是趁热打铁，力邀客户技术工程师和主管领导到我方已有经典案例进行实地考察。

客户只要接受邀请，就获得了初步的成功，考察过程本身就是给客户思想的“洗脑”过程。来到知名度高、影响力大的实景面前，由专业人士进行动听的解说，客户的思想和情绪会不自觉地被牵着走，这比任何文字材料都更具征服人心的情感震撼力和穿透力。

若是做产品的企业，则要想方设法为客户提供样品样机。在国家大力推崇“首台、首套、首款”的新质时代，具有先进技术的新品新机，将获得优先采购机会。

近日，某机械装备制造类国企，在新产品研发中，需要采购作为核心部件的动力系统，评标委员会在评审的时候确认共有 A、B、C 三家公司满足资格条件。

根据评分标准的设置，在市场占用率、同类用户数（业绩）等分值项上，A 公司得到满分 8 分，B 公司 6 分，C 公司因是刚上市产品，只得到 2 分。其他方面三家公司得分相差无已，故而总得分 A 公司排名第一。为被推荐的第一中标候选人。

在集团公司的定标会议上，一种观点认为 A 公司产品上市多年，虽然稳定耐用，但性能已开始落伍，C 公司是新研发新上市产品，尽管未得到大量的市场验证，但从产品验收效果看，功能强大，智能化程度高，应该选择C公司；另一种观点则认为A公司得分最高排名第一是由评么会评审出来的，尽管认同C公司产品性能先进，确实令人满意，但技术再好，也无充足理由选用它，应尊重评委会的决定。

争论过程中，有人拿出了国务院办公厅的文件《关于创新完善体制机制推动招标投标市场规范健康发展的意见》，其中第十六条“健全支持创新的激励机制”中，明确指出：

“完善首台（套）重大技术装备招标投标机制，首台（套）重大技术装备参与招标投标视同满足市场占有率、使用业绩等要求，对已投保的首台（套）重大技术装备一般不再收取质量保证金。鼓励国有企业通过招标投标首购、订购创新产品和服务。”

这真如同及时雨，定标委员会有了推翻评标委员会决定的底气，让争论的双方意见统一了起来，一致同意定标阶段选择C公司。这就是国家政策对技术创新的支持，给技术营销提供了良好的政策环境。

**步骤五：会议。**

第五步“会议”是指在技术选型、难点突破的关键时期，利用专题技术方案讨论会的时机，从技术思想上、行业高度上、细节完善上进一步说服客户、打动客户，它是技术营销的标志性手段。

项目专题技术讨论会分两种情况来对待。一种是重大项目，客户特别上心，自己会组织技术研讨会。比如政府数据管理局、工信局、信息中心等单位牵头打造“数字城市”或者“智慧城市”项目，项目准备阶段专业上的研究会、论证会不只一次两次，往往会邀请知名企业提交方案，参与讨论，这样的机会必须抓住，成为受邀对象，力争在会议上崭露头角。

还一种是项目没有大到惊动各方的程度，项目的技术特性一直靠客户自已想辙，没有举办正式技术研讨会的想法。这个时候正好是我方主动突出的良机。

**案例**

DF数码技术有限公司参与到竞争GJ机场旅客吞吐量及行为监测系统的项目后，了解到机场今年项目多，信息中心的人手有限，这个监测系统一直没确定详细需求。几家竞对公司也都递交了专门定制的方案，见进展不大，只得暂时往后放一放，都转身盯其他项目去了。

DF公司的营销总监卢华却去找了信息中心的韩处长，对他说："我们公司对流量监测技术一直在研究，最近准备找几个专家一起讨论一下，看看目前最新技术进展如何，想邀请您们中心一起主办，您看行不行？"

韩处长心想这不正是我们想做的事吗，可项目太多，排不到这件事上来，现在他们张罗起来了，也算是解了燃眉之急。卢华似乎明白了韩处的心理活动，便说："看您们真是太忙了。会议我们负责组织，参会人员进餐、劳务费也由我们来办，您开会时到场指导，再安排人做技术交流就好了。"

韩处长见卢华办事利索，又确实是他们想办而顾不上的事情，便说："那就这个周五举行，会议时间有个大半天即可，关键是把思路定下来，系统功能上的细节可以结束后再出方案。方案出来后我们抓紧过审，就可以起草招标文件了。"然后看了看卢华，笑着说："谢谢你的建议，要不今年的招标任务，怕是完成不了。"

DF公司的会议营销，对推进项目进展，起到了至关重要的作用。

**步骤六：助力。**

助力在技术营销上特指借用外部专家资源，提供高端智力协助，既助力业主方确定项目技术方案，又帮我公司站台美言，让权威的声音环绕在客户耳旁。

营销人要特别注意一点，客户的技术管理主管不同于纯行政领导，他们有这样两个特点：其一，技术干部是吃技术饭起家的，很愿意在单位内部保持“技术牛人”形象，他们很关心行业最新资讯和技术新成果；其二，技术主管们很愿意接触行业大咖，但琐事缠身的技术人员接触外部名专家的机会并不多。

接着上面的故事——

**案例**

卢华深懂韩处长这一类的心理，他们调动社会资源，请到了中科院计算所和中国计算技术协会和两位院士级别的老专家，又邀请了北京市数据局的一位处长。这对韩处长来说，也是乐意结交的圈内人。

有人说，卢华人脉资源广，谁都请得到。我没他的本事，公司也只是地方中小企业，请不到高人啊。这种认识也是需要纠正的。卢华也只是知道但并不认识这几位专家，但他相信一句话，世界上的事情只有想不到，没有办不到，况且并不是什么高不可攀的要求。退休在家的专家，不是请不动，而是怕没人请。车马费到位，外地照样去。再说，并非只有“北上广”才有大咖。

谁做东，谁买单，观点要谈，好话得说，无形中就是在给 DF 公司站台助力。有了这样一场内容丰富的技术交流活动，DF 公司在业主心目中的中标候选位置，想不排第一都难。

**步骤七：替身。**

技术营销到了第七步，就是收官之战了，其标志就是深得客户信任后，受客户委托代替他们起草招标文件，至少是吸收采纳我方的意见和建议。成为客户的替身，这是企业人都梦寐以求的。

什么情况下，才有进到第七步成为替身的机会？一是关系到位，二是技术依赖，三是时间急迫，四是人手不够。本书不同章节已分别论述到相关问题，此不赘叙。

## 资质业绩变化多

资质和业绩是投标人资格条件设置的两大“金刚”，是国家《标准文件》规定的考察范围。投标企业的资质完整，级别高，说明公司得到行政主管部门认可；投标企业的业绩众多，项目影响力大，说明公司得到市场高度认可。

资质证书作为企业行业地位的标签和实力证明，除了政府采购对资质的使用有一定限制外，招投标项目的文件编制，资质证书永远是首当其冲，成为限制竞争对手的有效手段。例如：一家规范不小的计算机制造企业，因为未提供（不等于没有）有效“液晶显示器节能产品认证证书”而被踢出局。

随着国家对企业资质管理的规范化，一些非行政主管部门认可的资质不再具有权威性，全面退出招投标市场，资质证书数量总体下降了，但这丝毫不影响资质证书设置上的花样翻新，不影响作为一种控标手段，能将不明就里的公司排斥出局。再比如：一家医院的医学检验类招标项目，要求具备以下特定条件：

> 第三方医疗器械现代物流资质或道路运输经营许可证、冷链运输资质、医疗器械经营企业许可证（含体外诊断试剂）、GSP 认证、医疗器械注册证及注册登记表、代理商须提供制造厂商的授权代理

书及制造厂商营业执照等资格证明文件、药品经营许可证等。

医院尽管专业性很强，但医院的采购类型却涉及面很广，采购物品种类众多，除了医疗器械、药品和医用易耗品，诸如医疗系统、医保系统、餐饮、保洁、保安等等，都数量可观，在招投标市场表现非常活跃。就资质证书设置上，“机关”很多。

**第一，非专业资质起到实质性作用。**

上述标书要求一家医学检验公司要么具备“现代物流资质”，要么具备“道路运输经营许可证”或“冷链运输资质”，这一要求并非医学检验行业准入的专业资质，有许多公司是不具备的，会让部分中小型的同类公司失去投标资格。

**第二，制造厂商授权也有讲究。**

本项目给了生产厂商与代理商共同投标资格，代理商除了也得具备医疗器械经营许可证，GSP 认证、医疗器械注册证及注册登记表等专业相关的资质外，还须提供制造厂商的授权代理书，这条要求本身也没有毛病，但实际情况是代理商获取授权书并不容易，按财政部《政府采购货物与服务招投标管理规定》（2017 年 87 号令），一家制造商只能授权一家代理商，也几乎堵死了大多数代理商的入门通道。

用非常规非专业资质控标的方法要想能顺利过审，一定要注意，非常规资质的设置要与项目有关联。上述医学检验项目，采样送检是核心工作内容，冷链物流尽管不是医学专业的必须，却在完成项目时不可或缺，招标文件以此为入门条件，并无不妥。

**第三，控标的秘密全部藏在技术细节里。**

试分析一下案例中的资质要求：

投标人应具备政府及相关部门颁发的食品或餐饮营运许可证，

如无此证则需委托具备此类营运资质的第三方或采用第三方合作的模式，并出具相关证明文件（第三方合作承诺及运营许可证）。

上述案例要求投标人应具备“政府及相关部门颁发的食品或餐饮营运许可证”，中间用了一个“或”字，意思是食品证和餐饮证二者居其一即可。若换成“和”字，则二者必须同时兼备，对投标人的资质条件要求高了不只一个档次，至少要刷掉一半的投标企业。一字之差，资格条件的宽窄就区别开了。

招标文件拿业绩控标，比资质控标更常见、空间更大、花样更多。其运用之妙，下面以“同类”二字为例略作阐释。

业绩比拼白热化以后,在条件设置中写不写“同类“两字,可谓有天壤之别。控标的优势展示在这时表现为，根据本次招标的项目性质和规模，若本公司的过往业绩与之相匹配度高，则要求业绩里有同类两字；反之，若本公司的过往业绩与之相匹配度低，就要把“同类”二字做技术化处理。

# 编标：评标办法编制揭秘

技术营销一路走来，层层推进，到了评标办法这一环节，终于触摸到“皇冠上的明珠”了。招标人要做到目标精准，心想事成，投标人要主动出击，掌控局面，都得盯死评标办法与标准。由于低价中标法只在特定的标准化的项目中使用，这里只讨论综合评标法。

想要摘取评分标准这一“皇冠上的明珠”，需从三个方面下手：价格、技术和商务。一切的奥秘在于这三大板块不是一成不变的，看似平平常常几句话，却藏着招标人的用心和中标的秘密，背后如万花筒般变幻莫测。每一个数字，每一个标点，都在考验参与设计人员的水平和能力。

## 价格分编制技巧

技术化处理的第一要素是价格分的评审方法，它由三大要素构成，一是权重，二是基准价，三是专项设置。

**（1）权重是分数构成的起点。**

分数权重在某些行业有一些常规的做法，譬如建筑行业的项目多数是4/6，即技术分占40%，价格分占60%。之前大量建筑类项目的分数权重比例为3/7，或者2/8。但这些不具有普遍意义，且不符合全国统一大市场的要求，正在被清理之中。

价格分权重有一定的弹性空间，区间范围内便是设计者施展拳脚的地方，通常的分数比例如表 6–1 所示。

**表 6–1　价格分权重区间范围对照表**

| 类型 | 价格权重（分） |
|---|---|
| 工程类 | 40 ～ 70 |
| 货物类 | 30 ～ 60 |
| 服务类 | 10 ～ 30 |

超出区间范围之外的权重设置，就会很麻烦，比如一个设计类招标项目，非要把价格分设为 80 分，占比那么高，就不正常了，要专项报审才行。区间范围之内分数高低的变化，决定了项目中标的走势，试想：一个工业园区餐饮服务招标项目，规模是确保 10000 人同时进餐，同样是 9 个公司参与竞标，若价格分占比为 30 分，技术和商务占比 70 分，由 A 公司中标。若价格分占比改为 10 分，技术商务占比上升为 90 分，还会是 A 公司中标吗？基本上不可能。权重对中标走势的影响由此可见一斑。

在价格合理的空间内，应遵循怎样的变化规律呢？

当自身处于优势地位，价格权重靠近最低值。

当自身处于劣势地位，价格权重靠近最高值。

当自身处于中间地位，价格权重靠近中间值。

**（2）基准价决定价格满分。**

基准价就是在进行价格分计算时，价格满分的基准点。例如：某案例价格份的权重是 60 分，且以有效最低报价为基准价。意思是所有经评审的有效报价（评标价）里，哪家公司的报价最低，将得到价格满分 60 分，由此几乎可以锁定一个中标候选人名额。可见基准价的重要性怎样强调都是不过分的。

另一种是以有效报价的中间价（算术平均值）为基准价。例如：

某项目价格分权重：50 分。

评标价得分计算公式示例：本项目以所有有效报价的算计平均值为基准价。

①如果投标人的评标价＞评标基准价，则评标价得分 =F- 偏差率 ×100×E1；

②如果投标人的评标价＜评标基准价，则评标价得分 =F+ 偏差率 ×100×E2。其中 F 是评标价所占的权重分值。

E1 是评标价每高于评标基准价一个百分点的扣分值；

E2 是评标价每低于评标基准价一个百分点的扣分值。

招标人可依据招标项目具体特点和实际需要设置 E1、E2，但 E1 应大于 E2。

本项目 E1=1，E2=0.5。

当然，在中间价为基准价基础上，仍可以有各种变化，例如：

某项目价格评分计算办法为：

评标基准价 = 所有合格投标人平均评标价格 ×50%+ 所有合格投标人中最低价 ×50%；

评标价格等于评标基准价时，价格得分为 100 分；

评标价格每高于随机评标标底 1% 在 100 分的基础上减 0.6 分；

评标价格每低于随机评标标底 1% 在 100 分的基础上减 0.3 分。

基准价体现出招标人对项目的倾向性意见，不自觉地流露出招标人的真实想法，藏都藏不住。现在政府采购和部分国企项目的基准价计算方式越来越复杂繁琐，云遮雾罩，让投标人不明就理。这是将简单问题复杂化，是一种假装很认真负责其实是玩数字游戏的把戏。

为鼓励创新，保证工程和产品质量，凡带有技术特性的项目不应该采用低价中标法，也不合适在综合评标法里以最低报价为基准价，而应该以中间价为基准价。

当政府采购必须低价为基准价的规定一时不能改变时，用分段设置的控标方法可以破解。例如：

某项目投标报价的价格分为两部分，满分35分（收益比例分及投资总额分）。

①满足招标文件要求且投标最低的收益分配比例为评标基准价，其分为满分(15分)。其他投标人的分统一按照下列公式计算：

投标报价得分=（评标基准价/投标报价）×15%×100

②满足招标文件要求所有有效报价的算术平均值作为基准价。偏差率=100%×（投标人报价－评标基准价）/评标基准价；当报价等于基准价得20分，每高于基准价1%，扣0.5分，每低于基准价1%扣0.25分。报价最低得分15分。

上述案例中价格权重占比35分，操作办法是把价格分分拆为两部分，第一部分以最低报价为基准价，第二部分以中间价为基准价。这样既没有违背当地政府的低价政策，又没有一味打价格战。这种设置方式的项目，价格得分最高者就不是报价最低的投标人了，客观上提升了中间报价公司的中标机会。

**（3）特殊设置控标多。**

特殊设置是指基准价确定后，以什么方式来计算所有投标人的报价得分，这也是技术营销最大的奥妙。例：

“符合招标控制价≥最终投标价≥0.9×最终投标价的算术平均值的最终投标价进入基准价计算，最终投标价≤0.9×最终投标价的算术平均值的投标报价计 0 分。”

这时的计算方式是，以平均值为基准价，投标人的报价若超过或低于基准价的 10%，投标报价将计零分。这对投标报价的控制力度相当大，投标人因为报价偏离而失去全部价格分，也就失去了中标可能。在每一份招标文件里，我们都能看到不同的计分方式，多如牛毛，浩如繁星，构成价格分控标最繁复幽谧的场景。

## 技术分编制奥秘

新质生产力时代，价格权重减少和技术权重增加是必然的趋势，所以对技术分的控制越来越成为中标的决定因素。

营销人的困惑是，参与了技术渗透与分数设置，却仍未中标。这一点都不奇怪。若技术分设置空洞无物，主观概念居多的话，评标专家就会权大无边，为所欲为，招标人都不能确认谁能中标，何况是投标人。有人认为，主观分的设计方式可以通过专家资源来获取高分，但在异地分散评标普及化后，专家资源已不在投标人的掌握之中。

若是采购多次的大众化项目，技术要求简单，只能泛泛堆砌一些通用术语，好比高考试题出的太简单，考生都能得高分，一起竞争的几家竞争对手，技术特性、研发团队、市场表现在同一水平线上，最后得分排名都在毫厘之间，拉不开差距。若将自己独有的专利技术或特长设为得分项，又容易被对手投诉。针对这些问题，我们给出一些建设供参考：

**（1）细化量化。**

国家对招标文件技术需求编制的要求关键就是两个词：“细化”和“量化”，细化量化是编制好评分标准的根本要求。财政部《政府采购需求管理办法》第九条：“技术要求和商务要求应当客观，量化指标应当明确相应等次，有连续区间的按照区间划分等次。需由供应商提供设计方案、解决方案或者组织方案的采购项目，应当说明采购标的的功能、应用场景、目标等基本要求，并尽可能明确其中的客观、量化指标。”

细化的表现就是具体、细致，彻底根绝空话套话。量化的标准就是能用数字的就不用文字，能用量词的就不用虚词（如表 6-2 所示）。

**表 6-2　细化量化标准对照表**

| 序号 | 评审项目 | 评审标准及分值 | |
|---|---|---|---|
| 1 | 中间胎基上面树脂层厚度 /mm | ≥ 0.48 | 5 |
| | | 0.40 ≤树脂层厚度 <0.48 | 2 |
| 2 | 拉伸性能 /（N/cm） | 最大拉力≥ 144 | 4 |
| | | 120 ≤最大拉力 <144 | 2 |
| 3 | 梯形撕裂强度（N） | ≥ 264 | 4 |
| | | 220 ≤梯形撕裂强度 <264 | 2 |

“评审项目”这个位置做到了细化，“评审标准”这个位置做到了量化。面对这样的技术评分标准，评标专家没有自由发挥的空间，给出的分数只能是一致的。

**（2）对应到位。**

要决是：每一个分值点要能在本公司投标文件里找到答案，并做到技术方案功能点的全覆盖。如果本公司的技术指标与评分标准的设置是完全一致的，评分点与本公司的技术方案的细节高度吻合，甚至有的地方还超出了标准，就一定会得到满意的分数。有人说，对手公司也能满足啊。这没有关系，在许多功能点上自然彼此都能得到分数，这是技术实力竞争在分数上的真实体现。技术编制首要目标是自己不能丢分、掉分。绝大部分项目中标候选人排名，也就只相差零点几分，市场经验丰富的人应该能够心领神会。

**（3）高分精准。**

评分标准设计数量化和分散化后，每一个点的分值越来越小，一个位置上有2分，就算是高分了，这样的地方称为高分区。例如：

项目配备专职服务人员：2分。

按投标机构所报人数排名得分依次为：2分、1.5分、1分，0分。

在靠分数吃饭的时代，把握高分区对中标的意义是不言而喻的。一定要把高分区设置到本公司最大的优势和亮点上，它有两个要领：第一，是分点设到什么位置上，第二个是分点到底设置多少分。

技术营销每往前推进一步都像跑步一样，0.5分是一小步，1分就是一大步，2分以上就赶上跨栏了，一跨步把对手甩到了身后。所以不要在高分点的设置上疏忽，自以为能中标的项目却"意外"失手，其原因就是每一个分值点没有按要求，一步一步去做精细精准的设计，哪些地方自己公司的方案未满足条件，哪些地方有失分，自己也不清楚。

**（4）杜绝唯一。**

评分标准不应有针对特定公司的唯一指向性，这是刚性原则。处理方式：一是选公司具有领先优势的，不选独家拥有的；二是选通过了检测认证的，不选自主确认的；三是选已有案例众多的，不选生僻案例少的。

## 商务分编制重点

商务分在评分标准里面的占比，通常是要低于技术分和价格的，它的重要性在于，当技术分和价格分拉不开差距的时候，商务分可以起到扭转乾坤的作用。在产品性能和服务品质同质化严重的情况下，商务分会成为控标的重点区域。商务部分有哪些点可以在设计时修改变动，以拉开差距为自己创造更多有利中标条件？下面通过一个案例来给出我们的建议：

2022 年 1 月 1 日至今（以签订合同时间为准）每提供一个独立承接或作为联合体牵头人承接过建筑面积 80000 平方米（含）及以上建筑工程房屋建筑业绩得 2 分，满分 10 分。

注：投标文件中附合同（或协议书）、中标通知书、网上中标公示截图扫描件，如未提供，不予计分。

这段评分标准用语不长，但没有一个字是多余的。每个词都进行了精心的技术化处理，可谓用心良苦。

（1）时间。2022 年以来，起止时间的设定很有讲究，一年和三年，对公司的选择会不一样。

（2）合同。是签下合同还是已验收合同，结果完全不同。多数情况下招标文件都是要求验收合同才有效，对新公司极为不利。

（3）独立（或牵头人）承接。这种设计可以排斥联合投标的参与各方。

（4）建筑面积。只能是“建筑“面积，而不是其他建设指标，这就是同类项的限制要求。

（5）数量。本项目要求是 80000 平方米，有针对性和指向性，但若与项目本身规模适当，并不违规。

（6）房建项目。仍是同类项要求，有了这个得分点，事实上排除了非房建企业中标的可能。

（7）业绩。5 个满足以上所有条件的业绩为满分，少了不行，多了没用。

（8）分值。一个业绩 2 分，若改为 1 分或 0.5 分，后果同样完全不同。

（9）总分。满分 10 分，足见对此条款的重视，是可以一招毙命的地方。

（10）证明材料。评分标准里的三个硬指标缺一不可。

一个商务条件设置里面埋伏了十个控标点。从中可以得出以下结论：

其一，以上十点，就是商务分控标着力点；

其二，对业绩少，商务条件差的公司来说，把总分和业绩数量减少中标机会就会大增；由此可见，越是成立时间短，综合条件差的公司越是要学会技术营销；

其三，即使业绩条件完全满足的优质企业，若在证明材料的维护整理和投标文件使用时出错，也会因小失大，痛失好局。

温故知新

小练习

1. 多选题：建立起良好的客情关系，技术营销所需要找准的关键岗位关键人就是（　　）。

A. 招标文件起草人　B. 立项报批人　C. 项目资金审批人　D. 评分标准审订人　E. 商务条款确认人

2. 判断题：“资质和业绩是投标人资格条件设置的两大‘金刚’，是国家《标准文件》规定的考察范围。”你认为这句话是对的还是错误的？对的打“√”，错误的打“×”。（　　）

3. 思考题：技术营销等同于 DeepSeek 等 AI 营销工具吗？技术营销到底有哪些不同于其他营销模式的特性？

______________________________________

______________________________________

______________________________________

# 后 记

近来以 DeepSeek 为代表的 AI 产品带来的技术突破，引发全民学习和应用热潮，也加快了采购招投标领域的转型升级。

多年来，招投标领域的电子化、智能化一直在全力推进，成绩斐然。“机器人管招投标”“双盲评审”等重大措施的出台，使全流程网上招标投标、大数据查防围标串标、异地分散评标等成为主流，DeepSeek 等人工智能工具接入招标平台后，“智慧招采”的应用会进一步提升。

为帮助企业在快速到来的 AI 时代打造营销招投标的常胜军团，本书创造性地提出 PLT 的营销新理念和新范式，即以人（People）为本的深度营销，以法（Law）为本的规则营销和以技（Technology）为本的技术营销。它是企业营销管理的突破口，是提升中标率的保障。

PLT 作为新质时代招投标业绩倍增的新营销范式，要真正在企业落地生根，开花结果，单靠书本学习是远远不够的。为此，以 PLT 为理论基础，以“专精”“抱团”“借势”为主要内容的体系化“中标进阶”工程应运而生。它由业内顶级专家组成团队，包括了三级（基础级、关键级和决策级）进阶特训、共赢联盟、尚贤智库等全方位、独创性的特色服务，必定使 PLT 理念之光在企业人中标的道路上闪闪发亮！

这些年，我在培训实践中接触了大量的企业，对他们的处境与渴望感同身受。他们在残酷竞争中表现出来的韧性和拼搏精神，是我立志做管理思想和企业文化传播的源动力。本书在写作中参考了部分企业的真实案例，特此致谢！

为祝贺本书出版，有几位合作过的企业家朋友特地撰写了推荐语，这份支持让我倍感温暖，特此深致谢意！资深出版策划人柏宏军先生和代丽老师协助做了基础性工作，为本书的顺利出版费心良多，在此一并致谢！

最后，我要把这本书献给我的母亲。没有她，便没有我的一切！

达流

2025 年 5 月 8 日于北京

读书笔记

读书笔记